MUSIC

U0827860

音乐课堂体验式学习理论与实践

徐惠琴 著

CLASS

SMPH
上海音乐出版社
WWW.SMPH.CN

序

《基础教育课程改革纲要(试行)》提出了转变学生学习方式的任务,促进学生在教师指导下主动地、富有个性地学习,这是课程改革的显著特征和重点之一。学习方式较之于学习方法而言,属于上位,两者之间类似战略与战术的关系,学习方式相对稳定,学习方法相对灵活。随着核心素养培育的提出,学生学习方式的转变被进一步关注和重视,传统的"机械、被动、单一"的学习方式被摒弃,而以"自主、合作、探究"为核心的多样学习方式被倡导。对学生而言,自主、合作、探究地学习是一种学习方式,对教师而言,它则是一种教学策略。因此,要实现学生学习方式的转变,首要前提是教师教学方式等教学策略的转变。

"体验式学习"是指学习者通过亲历各种实践活动来认识周围事物,获得直接经验和多种体验的学习方式,具有主动性和个性化的特征。音乐教学中的体验式学习是学生亲历聆听、演唱、演奏、综合性艺术表演、读谱、探索音响、即兴编创、创作等实践活动,联系已有生活经验和音乐经验,在主动参与音乐学习中获得对音乐的直接经验和情感体验的学习方式。音乐学习的过程由"感受、体验、理解、表达、创造、享受"这六个环节组成。这六个环节也可以说是六个层面,是逐步递进、相互联系和相互交融的。例如整个音乐学习过程都应该是一个审美享受的过程,而在唱、奏、演、说等表达环节中,审美体验始终贯穿其中。体验式学习的音乐课堂强调学生学习的主体性,学习任务只有通过亲身体验才能最终有效地完成,关注的是学生的亲历和主动的学。学习方式的转变必然带来教学方式的变化,即:在教学过程中,教师和学生为实现教学目标所采取的"教"与"学"相互作用的活动方式的变化。我认为在音乐教学中,教师更应该站在"培育"的立场上,以一个引导者、促进者的身份关注学生的"学",重视学生在主动学习的过程中获得审美能力的提高、情感的丰富和由此带来美的享受和愉悦。正如德国教育学家第斯多惠所说:"教学艺术的本质不在于传授本领,而在于激励、唤醒、鼓舞。"

徐惠琴老师的新作《音乐课堂体验式学习理论与实践》是一本基于核心素养培育,关注学生学习方式转变，从教学方式改革的角度去探索中小学音乐课堂教学“体验式学习”的理论内涵与实践策略的专著。

该书以科学的教育理论为依据、以现代的教学观为指导，系统阐述了学习方式、体验式学习、音乐教学的体验式学习等相关概念、特征、内涵及内在的关系；从核心素养培育的角度分析“被动学习”走向“能动学习”的课堂教学转型中学习方式的特质；从哲学、心理学、美学、教育学及历史等角度解读体验式学习的内涵等。这更有助于我们理解教学方式改革、课堂教学转型、体验式学习的意义、概念、内涵以及相互间的逻辑关系。

该书遵循音乐学习的规律和中小学生的认知特点，从课程性质、教育对象、音乐本质三个角度阐释音乐教学缘何提倡“体验式学习”；从体验的获得方式和意义转换方式的角度出发，剖析音乐教学“体验式学习”过程中的感受、体验、理解、表达、创造、享受六个层面以及相互间的关系；以布鲁纳“儿童认知发展理论”为依据，结合长期在音乐课堂教学中的实践经验，提出“音乐课堂体验式学习模式”的“三层次”“三维度”建构框架等，均具有自己独立的见解和独特的设想，为进一步解读音乐课堂“体验式学习”的教学观、规律特征、教学模式等带来许多有新意的启示。

该书紧密联系音乐课堂教学实际，强调理论研究与实践操作的有机结合。细致阐述了音乐课堂“体验式学习”中关注、深入、整合的三个操作要点；系统阐述了其相辅相成的目标定位，组合恰当的内容安排，多元交替的途径方式和据实而定的教学手段等音乐课堂“体验式学习”的实践策略，均以丰富的课堂教学实例作为理论研究与教学实践结合的有力支撑。全书收录了有代表性的课例30多个，包含感受与欣赏、表现、创造、音乐与相关文化4个领域及一至九年级的所有学段，提出“观课议课”“一课多思”的课例研究操作策略；每一个课例均有执教者或导师亲历的“教学感悟”或“指导手记”“指导评析”，具有典型性、指导性、实用性和可操作性的特点。这无疑是我们开展音乐课堂“体验式学习”的实践与研究的优秀范例，是帮助音乐教师“学习、实践、反思”，促进自身专业发展与成长的良师益友。

2013年我为徐惠琴老师的《新课程小学音乐教学课例与评析》一书作序，一晃六年多过去了，这次又看到了这本凝聚了她多年心血，体现她音乐教学实践与研究成果的新作即将付梓，深感欣慰。在这期间，徐老师从一名一线的音乐教师成为区音乐教研员，从一名优秀的教师成长为一名既有丰富教学经验，又有理论研究能力的出色教师。

我认为音乐教师从合格教师成长为优秀教师，再到卓越教师，除了要热爱学习和工作以外，还要从以下三个方面去努力，即：深厚的专业本体知识与技能，扎实的教学操作素质与能力，先进的教育思想与教学理念。如果说这三个方面是一个三角形的三条边，那么就应该努力延长这三条发展路径，使“成功的面积”不断扩大。如果在某一个方面存在短处，那就会影响自身整体的专业发展。

徐惠琴是一位很有亲和力的教师。她从中师毕业后，一直参加专科、本科的学历学习，参加高访学者、名师工程等专项培训；除了努力提升专业本体知识与技能，关注专业发展新动向以外，还不断拓展知识面，努力使自己具有较深厚和全面的专业知识和技能。在教学上，她关注教学内容的优化、教学方式的改革、教学方法的改进、教学手段的运用、教学评价的完善等，因此在全国及省市课堂教学展示中多次获得奖项，成绩斐然。我们的教科研应该是“做有思想的学术，出有学术的思想，让思想富有创新，让学术贴近实践”，因此就需要不断学习和思考，“思考比勤奋更重要”。在科研上，她认真钻研教育教学理论，关注当前教学改革的动向和先进理念，并紧密联系中小学音乐教学实际。她主持、承担过多项省级、市级课题，发表过几十篇有实践价值的科研论文，成果累累。我们从徐惠琴老师的成长轨迹中看到了青年教师努力的方向。

愿徐惠琴老师的《音乐课堂体验式学习理论与实践》一书能够让广大音乐教育工作者找到契合点并产生共鸣，有所启发，有所借鉴，我想，这也是作者和我所期望的。

谨以此为序。

王家祥

2020年3月于杭州师范大学

（作者系杭州师范大学督学，浙江省特级教师，《中小学音乐教育》编委）

自 序
静悄悄的生命成长

一粒种子萌芽，沐雨露阳光，迎雨雪风霜，经历时间的考验，长成一树浓荫。它的生长是那样静悄悄。而对于人的生命来说，成长不仅仅是生命个体的能量、信息等“物质世界”的变化，更重要的是“精神世界”在静默中渐渐丰盈，是一个人自主思想的形成。法国教育家卢梭曾说：“生活得最有意义的人，并不就是年岁活得最大的人，而是对生活最有感受的人。”

教育的对象是人，课堂上我们面对的是“生动、温暖、独特”的生命个体，这就决定了教学必须面向生命，满足生命发展的内在需要，使学习者获得自我认知和生命觉醒，获得自由而完整的幸福人生。人在成长过程中，需要一个适应自身发展的外部环境，更需要美的滋养，通过音乐等艺术熏陶净化并陶冶心灵世界。

三十多年，我一直在思考“音乐教学与生命成长”，带着“让每一个孩子都能在音乐中幸福生长”的美好愿景，潜心于音乐课堂“体验式学习”的教学研究。“体验式学习”的音乐课堂关注音乐内在的生命气息和激情，强调对音乐的内在理解而不是简单的操作、记忆；关注审美能力的形成，强调对音乐的体验、思维、领悟；关注审美的主体性，主张让孩子们在音乐学习中展现生命的本真状态，寻找到“最内在的自我”。

二年级的米朵想要自己创作钢琴曲《猫武士》，我很赞赏。虽然作品很稚嫩，但这是孩子内心真实的自我表达，有她独特的理解。在她为同学们演奏的那一刻，孩子们的眼睛里有“小星星”闪烁。“音乐可以熏陶我们的情操，闭上眼，听一首好听的曲子，我们都觉得要融入其中。我最喜欢听的就是《渴望春天》，听着这首曲子，我觉得很轻松，仿佛我也在小河旁看紫罗兰开放……”这是六年级学生可欣的“感言”。“美善”是“最内在的自我”的核心，当孩子们拥有了美善的品格和爱美爱善的能力，每个人心里的太阳都会升起来。

“音乐教学与生命成长”的探寻旅程，也是我检视自身教学主张，教学思想日渐成熟的过程。有“课堂、孩子、音乐”相伴，“深思”与“实践”相随，让我平凡的生命拥有丰富的色彩和生长的意义。

一个人思想的成长，是在一回回“深思”中静悄悄变化的。我的导师王家祥老师说过“深思比勤奋更重要”，我一直谨记，时时省察。从成为一名音乐教师那天起，对音乐教学这项平凡但富有创造力的工作，我的内心深处始终怀有“研究的热情”。“强化体验，开发学生音乐创造潜能的课例研究”“构建活动区域开展音乐课堂学习”“小学民族音乐‘参与—体验’教学模式的实践与研究”“中小学音乐课堂体验式学习模式的建构”……这一个个课题充满魔力般吸引着我，音乐课堂“体验式学习”的内涵、意义、模式、策略在潜心研究中越来越清晰，对“音乐教学与生命成长”的认识也更加深刻。“深思”中，思想静悄悄拔节。

我深知，“自知其未知”，才能看到自身的有限与不足。因此，我常常走出“自己的部落”，走进更广袤的“森林”，汲取养分，在求知中体会发现的价值，实现自身的成长。我虚心向优秀教师学习，领略他们先进的教育理念和精湛的教学艺术；积极参加学历进修与专项培训，聆听国内外教育界知名专家畅谈教学改革的前沿动态、师德与文化修养，拓宽教育视野，坚定敬业情怀，提升专业素养。书籍是“思想的发动机”，我爱上阅读，撷取、积淀、思辨。每每疑惑困顿之时，嗅书香，寻灵感，在迷茫中找到方向，在一次次火花迸发中建构更深邃的教学思想。一个人的视野越开阔，个人的观点就越谦卑，而精神世界愈加蓬勃葱茏。

“真实处，便是真知”（宋·陈鹄《耆旧续闻》）。教学研究要植根课堂实践，源自课堂教学的“真实处”。音乐课堂是我生长的土壤。《家乡的月亮》尝试教材内容与本土音乐文化有机整合，《数鸭子》探索师生、生生之间多向交互，《吹泡泡》让孩子们以自己的独特视角尝试歌词创作，《外婆的澎湖湾》以活动中心为载体开展音乐课堂学习，还有《同坐小竹排》《小袋鼠》《快乐的舞蹈》《月亮月光光》《大海的歌》《闪烁的小星》《变》《草原上》《月亮姐姐快下来》……三十多年来，我一步一个脚印行走在“真实处”，“热爱”的力量使每一个足迹都踏实而深刻。

爱尔兰诗人叶芝说：“当我们处于成长的时刻，就是幸福。”当我不停地“生长”，寻找到更好的自己，我化作一片幸福的绿叶，走向了“一群人”的课堂。

怀揣“乐于奉献、以身示范、甘为人梯、悉心指导”的责任，我引领更多教师成为“音乐教学与生命成长”的探寻者，走上更广阔的成长舞台。在这个舞台上，不再是“一个人”的精彩，而是“一群人”向美而行的风姿。那一个个年轻的、勤奋的、渴望成长的身影，使我深感“引领与培养”的责任之重。我与年轻的同行者们在漫漫教学路上跋涉，不辞辛劳，共同经受“雨雪风霜”的历练，探寻生生不息的“群体生长”的幸福和意义。

任何生命的成长，都会受环境的影响。“物若扶植，种在土中，自然生气凑泊他。”（《朱子语类》卷六十三）教师的成长需要源源不断的动力来鼓舞，需要广阔的平台来展示，需要公正的机制来保障。我深深感恩，能够在优质、宽广的成长环境与空间，得到无私的教诲引领、默默的支持鼓励。在此，深深感谢一直以来关心、指导、支持与帮助我的领导、专家、导师、同仁、朋友和家人，是你们，给予我生长的能量，推动我走向生命的宽阔与深远。

徐惠琴

2020年2月28日

目　录

序 …………………………………………………………………… 王家祥
自序　静悄悄的生命成长 ……………………………………………… 徐惠琴

第一章　学习方式的变革

一、学习方式的概念和特征 ………………………………………… 003
（一）学习方式的概念 ……………………………………………… 003
（二）学习方式的特征 ……………………………………………… 004
二、学习方式研究的基本范畴 ……………………………………… 005
（一）“合作性”教育关系:学习方式的根基 ……………………… 005
（二）整合教学目标:价值本位的觉醒 …………………………… 005
（三）“开放性”课堂教学:关注生命成长 ………………………… 007
三、学习方式研究的现代走向 ……………………………………… 008
（一）构建“人—应答性学习环境”系统 ………………………… 008
（二）自主活动 ……………………………………………………… 009
四、从“被动学习”走向“能动学习” ……………………………… 010
（一）21 世纪型能力 ……………………………………………… 010
（二）课堂转型:从“被动学习”走向“能动学习” ………………… 012
五、基于“核心素养”学习方式的特质 ……………………………… 015
（一）以知识运用为核心 …………………………………………… 015
（二）经历“真实性学习” …………………………………………… 015

第二章 “体验式学习”的内涵解读

一、体验的意义推断 …… 021
(一) 体验的一般语义 …… 021
(二) 哲学意义的体验 …… 021
(三) 心理学中的体验 …… 022
(四) 美学中的体验 …… 023
(五) 教育学中的体验 …… 023
二、“体验式学习”的内涵 …… 024
(一) 何谓“体验式学习” …… 025
(二) “体验式学习”理论的溯源与发展 …… 025
三、音乐教学中的“体验式学习” …… 027
(一) 国外“音乐体验”教学思想的启示 …… 027
(二) 音乐教学“体验式学习”概念理解 …… 029
(三) 音乐教学缘何提倡“体验式学习” …… 030
四、音乐教学“体验式学习”的六个层次 …… 032
(一) 感受 …… 033
(二) 体验 …… 033
(三) 理解 …… 034
(四) 表达 …… 035
(五) 创造 …… 035
(六) 享受 …… 036

第三章 音乐课堂“体验式学习”的模式

一、音乐课堂建构“体验式学习”的意义 …… 039
(一) “音乐课堂”成为“感悟美好的磁场” …… 039

（二）“音乐教师”成为“有思想的行者” …… 040
（三）“学习主体”成为“自由生长的人” …… 040
二、音乐课堂建构“体验式学习”的理论依据 …… 040
（一）布鲁纳“儿童认知发展理论” …… 040
（二）儿童音乐学习的三个系统 …… 041
三、音乐课堂“体验式学习”的教学观 …… 042
（一）倡导探究性学习、协同性学习、自主性学习 …… 042
（二）建立平等对话的师生关系 …… 045
（三）培育“真实性学力” …… 046
四、音乐课堂“体验式学习”模式的建构 …… 047
（一）初体验——基本认知层 …… 048
（二）细体验——经验积累层 …… 051
（三）深体验——提升运用层 …… 053

第四章　音乐课堂“体验式学习”的实践

一、音乐课堂“体验式学习”的操作要点:FTI …… 059
（一）F——关注(Focus) …… 060
（二）T——深入(Thorough) …… 060
（三）I——整合(Integration) …… 061
二、音乐课堂“体验式学习”的实践策略 …… 061
（一）相辅相成——目标定位要准确 …… 062
（二）恰当组合——内容安排要得当 …… 064
（三）多元交替——途径方式要多样 …… 068
（四）据实而定——教学手段要适切 …… 072

第五章　音乐课堂“体验式学习”课例评析

一、基于课例研究的音乐教师专业成长 …… 079

（一）观课议课 …… 079

（二）一课多思 …… 081

二、音乐课堂“体验式学习”课例评析 …… 082

小学一至二年级（课例评析5则：例一—例五） …… 084

小学三至四年级（课例评析6则：例六—例十一） …… 113

小学五至六年级（课例评析5则：例十二—例十六） …… 146

初中七至九年级（课例评析4则：例十七—例二十） …… 179

结语　让每个孩子在音乐中生长 …… 206

第一章　学习方式的变革

学习方式：学生在教学活动中的参与（engagement）方式。

——【美】纽曼

学生的学习过程应该是学生亲自参与丰富、生动的思维活动，经历实践和创新的过程。只有以积极的情感体验和深层次的认知参与为核心的学习方式，才能促进学生包括高层次思维在内的全面素质的提高。①

一、学习方式的概念和特征

学习方式是当代教育理论研究中的一个重要概念。那么，如何定义“学习方式”呢？“学习方式”又有哪些特征呢？

（一）学习方式的概念

美国学者纽曼（F. M. Newmann）从学生的活动方式角度提出“学习方式是指学生在教学活动中的参与方式”。② 有学者认为，“学习方式指学生在完成学习任务过程时基本的行为和认知的取向”。③ 也有学者根据自己的研究角度，提出“学习方式是一个组合概念，是学生行为参与、情感参与或认知参与方式及社会化参与的有机结合”。④ 还有学者认为，学生学习有不同的思维水平，因此学习方式存在着不同的学习层次。例如，美国心理学家加涅（R. M. Gagne）提出八种形态的学习方式，澳大利亚教育学者比格斯（J. B. Biggs）指出学习可以分成量的学习和质的学习。

在西方文献中，学习方式和学习风格（learning style）基本是同一个词，西方教育研究者对学习方式的界定虽有不同，但都侧重于从个性和人格特质等心理学角度进行研究，重点在于学习风格的探讨。⑤ 例如，美国教育心理学家霍华德·加德纳（Howard Gardner）提出的“多元智能理论”就指出人类至少拥有 7 种截然不同的智能及相应的学习风格，提倡教师针对每个学生独特的感官特征而使用多种不同的学习方式。

---

① 钟启泉，崔允漷，张华. 主编. 为了中华民族的复兴，为了每位学生的发展：《基础教育课程改革纲要（试行）》解读［M］. 上海：华东师范大学出版社，2001：251—252.

② 同①：248.

③ 同①：247.

④ 同①：248.

⑤ 王顺德. 论学习方式的变革［D］. 华中师范大学硕士论文，2006 年.

在汉语中，方式与风格有着不同的含义。学习方式侧重于学生参与学习的方法和形式，可以是多种多样的；而学习风格指向学习者的个性特点，表现为学生的固有特质，具有单一性。学习方式的选择，不仅受学习者个性的影响，还取决于学习的目标和内容。

综合以上理解，可以将学习方式定义为"学习者参与学习活动的方式，根据学习内容、学习目标和学习者的特点综合确定，[⑥]具有多样性"。

（二）学习方式的特征

1. 伴随性

学生以学习为义务，学习活动是其生活的主要部分；学生是有着完整的生命表现形态、处于发展中的、有极大可塑性的个体。学习方式对学生终身发展有重要意义，不同的学习方式将直接影响甚至决定学生一生的认知习惯、思维方式和人生态度，关系到学生的生活质量和精神成长。

2. 整体性

学习方式与学习结果存在密切关系。通常人们认为对学习结果具有决定性影响的，是指学习方式中的认知方面。但是，学习方式是行为、认知、情感、态度的有机结合。在学习过程中，即使学生面临的教学环境和学习方式都一样，由于学习态度、学习意识、学习品质的不同，学习结果也会有所不同。因此，只有以积极的情感体验、内在动力的支持和深层次的认知参与为核心的学习方式，才能促进学生包括高层次思维在内的全面素质的提高。

3. 综合性

单一、被动的学习方式不利于学生创新精神和实践能力的培养。学习应该多样化，自主探索、合作交流、模仿接受、操作实践等都是重要的学习方式。对每一个学习者而言，在学习过程中，不同程度地综合运用各种学习方式，经历实践和创新，更易获得持续探索的冲动，推进思维的不断深化，实现学习的真正意义——能够成为一个独特的我而存在："掌握生存的常识和技能，以便独立地面对世界；遵从生活的律则与规范，以便和谐地与人相处；探索生命的价值和意义，以便有尊严地立于天地之间。"[⑦]

---

⑥ 转引自陈佑清. 学习方式的多样性及其选择[J]. 江西教育科研，2003(7)：20.

⑦ 同①：258—259.

二、学习方式研究的基本范畴

学习方式受教学目标、教学内容、儿童观和教师观的制约，同时也受到可供利用的设施设备的制约。[8]

（一）“合作性”教育关系：学习方式的根基

学习方式是在师生之间、生生之间形成的，那么就得基于“教育关系”来考察其是否能够有效地发挥作用。

关于教育关系，日本教育学者吉本均提出他的观点：“本质上儿童拥有‘拒绝的自由’。唯有以儿童的拒绝的自由为前提，才谈得上真正的教学。”[9]因此，给儿童以充分尊重的“合作性”教育关系的构筑是学习方式得以有效发挥的基础。

“合作性”教育关系的实质是交往。交往是活动的基本形式，也是基本的精神需求之一。现代教学论指出，学习过程是师生交往、积极互动、共同发展的过程。在教学中，师生、生生的关系是一种平等、理解、双向的人与人的关系。在这样的师生关系中，传递着“友善、宽容、信任、欣赏、悦纳”等积极而丰富的情感，这些是教育力量的真正源泉。

教学的过程一定是人际互动、智慧碰撞的过程。“合作性”教育关系具有“互动”“互惠”的属性，强调师生间、生生间的信息交流，互教互学，形成一个真正的“学习共同体”，实现共识、共享、共进。对学生而言，“合作性”意味着主体性的凸显，自主参与，彰显个性，自然生长；对教师而言，“合作性”意味着教学不再是单纯的“教”，更多的是作为学生发展的“引导者”“促进者”，和学生一起分享理解，同时获得专业成长和自我实现。

“合作性”教育关系意味着对话，意味着参与，意味着信赖，意味着相互建构，是弥漫于师生之间的和谐情境，充盈于师生心灵的精神氛围。我们必须构筑并借助这种“合作性”教育关系，有效运用并不断发展新的学习方式，为学生的“学力成长”“人格成长”奠基。

（二）整合教学目标：价值本位的觉醒

在基础教育阶段，让儿童掌握基础知识是学校教育的基本目标，但传统的课堂教学过

---

⑧ 钟启泉．著．课堂转型［M］．上海：华东师范大学出版社，2017：69.

⑨ 转引自山崎英则．编．教育哲学的诱惑［M］．东京：学术图书出版社，2007：44.

分强调认知性目标，知识与技能成为教学关注的中心，知识的价值是本位的，而对能力、情感、态度等其他方面不够重视。随着知识经济的形成与发展，“培养学生终身学习的能力和关键素养”成为新世纪教育的基点。我国《基础教育课程改革纲要》明确指出素质教育的总目标：“以德育为核心，以培养学生的创新精神和实践能力为重点。”[10]

因此，课堂教学必须进行价值本位的转移，即由以知识为本位转向以能力发展为本位。教学要改变过于注重知识传授的倾向，强调形成积极主动的学习态度，学习不仅是学生获得基础知识与基本技能的过程，同时也是学会学习和形成价值观的过程。教学目标的三个方面，即“情感、态度与价值观”“过程与方法”“知识与技能”要有机整合。

1. 结论与过程的统一

在教学中，过程的表征是学习的“过程与方法”，结论的表征是学习的“结果”。学习的探究过程和方法具有重要的教育价值，学习结果（即概念原理体系）只有和过程结合起来，才能使学生的情智和精神获得实质性的发展和提升。

重结论、轻过程的教学往往以听讲、听说、记忆等为主要的学习方式，忽视了学生自主的思考、判断、操作、创新等，缺失“智慧”与“个性”，少有“意料之外”的“生长点”。

教育的目的在于帮助每一个学生进行有效的学习，使之按照自己的意向得到尽可能的发展。因此，教学中要强调“过程”，强调学生探索新知的经历和获得新知的体验。在探究、发现、合作等“过程”中让学生经历困惑、挫折、冲突，获得真正的“智慧”——来自内心的思考，拥有发展、创造的“生长力”。

2. 认知与情意的统一

传统的教学注重知识技能而忽视了学生的情感问题，就如苏联教学论专家斯卡特金所指出的：“我们建立了很合理的、很有逻辑性的教学过程，但它给积极情感的食粮很少，因而引起了很多学生的苦恼、恐惧和别的消极感受，阻止他们全力以赴地去学习。”[11]

学习不是一种异己的外在控制力量，而是一种内在的精神运动。认知因素和情意因素是组成学生学习心理的两个具有重要影响的要素，现代教学的学习过程应该是以人的整体心理活动为基础、认知活动和情意活动和谐统一的过程。

---

⑩ 同①:17.

⑪ 同①:275.

3. 情感、态度、价值观的内涵的统一

现代社会物质生活充裕，但并不能代表精神世界的充实，学校教育尤其要注重教育的道德文化层面，强调儿童价值观的培养和道德教育。在学科教学的目标层级中，情意因素是首要的，强调情感、态度、价值观三个要素。

情感不仅指学习兴趣、学习热情、学习动机，更是指内心体验和心灵世界的丰富。态度不仅指学习态度、学习责任，更是指乐观的生活态度、求实的科学态度、宽容的人生态度。价值观，强调个人价值与社会价值的统一、科学价值与人文价值的统一、人类价值与自然价值的统一。[12]

这三个要素从横向角度构成了人的感性世界或精神世界相对完整的画面，纵向看则是具有层次递进的心灵连续体。情感、态度、价值观作为课程目标重要而又具有独立意义的组成部分，必须有机渗透到学习内容与教学过程中去，成为教学的灵魂，使学生从内心确立起对真、善、美的价值追求以及人与自然和谐可持续性发展的理念。

（三）“开放性”课堂教学：关注生命成长

传统教学强调预设，过于程式化，学习方式也比较单一，课堂缺乏生机与灵动，导致学生的主体性、能动性、独立性不断销蚀，师生的生命力得不到充分发挥。有生命气息的课堂应该充满着对好奇心的刺激、对智慧的挑战、对自我的发现以及始料未及的体验。就如爱尔兰著名诗人叶芝所说：“所谓学习，并不是往头脑里灌输知识，而是在心中燃起一盏明灯。”[13]要构建有生命力的课堂，就必须转变学习方式，追求更具“开放性”的课堂。

1. 学习内容综合化

教学要真正成为儿童的主体性活动，就得同他们的现实生活与社会实践结合起来，从学习内容角度讲，应多样、生动，有利于学生探究。教学在以教材为主要媒介的同时，要基于儿童的生活，将学生的个人知识、直接经验、生活世界作为重要的学习资源，谋求学科之间的链接与整合。学习内容不是源于单纯知识传输与技能训练的安排，需要关注学生的道德成长，关注学生对知识的习得、活用和探究，有机地进行组织与构成，更具有综合性，遵循“从具体经验到抽象概念”的学科教学发展路径，引导学生利用已有的知识与经验，主

---

⑫ 同①：276.

⑬ 转引自秋田喜代美. 学习心理学：教学的设计[M]东京：左右社，2012：239.

动探索知识的产生与发展。

2. 学习主体个性化

人是开放性、创造性的存在。学生是具有主观能动性的人，他们带着自己的兴致、知识、经验、思考、灵感参与课堂活动，充满着欣欣然的“生长力”，使课堂呈现出丰富的、多变的、复杂的色彩。在教学中要珍惜这种力量，让学生作为“学习主体”站立起来，认识自己的经验、表达自己的见解、交换自己的主张，能动地建构自身学习行为。在互动、交往的学习过程中，教师要尊重学生的个性体验和独特见解，善于从学生的发言和行为中发现“成长”的萌芽，给予肯定性的评价，引导学生全面、自由、积极地生长，使学习成为学生个性化成长的过程。

3. 学习方式多样化

从教育心理学角度讲，学生的学习方式有接受和发现两种，两种学习方式相辅相成，都有其存在的价值。但传统的“习得性”学习方式过于注重知识的识记与注入，强调接受和掌握，导致学生思考力、想象力、创造力的欠缺。要改变这种状态，使学习过程更多地成为学生发现问题、提出问题、分析问题、解决问题的过程，培养学生创新精神和实践能力，学习方式应追求“多样化”，强调自主学习、探究学习、合作学习。这些多样化的学习方式，让学生在主体性的问题解决的场域中，迸发“智慧的能量”。当然，学习方式多样化不是追求外表看起来的“忙碌”“活泼”，而是要真正关注到学生的感悟、思考与行为。

三、 学习方式研究的现代走向

教学是多种要素构成的复杂的动力性过程，其结构通常由三大要素——教师、学生、教材（教学媒介）构成，不管以何种形态出现的教学活动都在这三要素的基本关系中。21世纪的新型基础教育注重培养学生在瞬息万变的社会中的“生存能力”，促进学生主体性的发展。现代教学要“把教育的重心从教师、教材那里转移到学生身上”，课堂教学视线的焦点应集中在“学生的活动上”。

（一）构建“人—应答性学习环境”系统

要使学生成为自主知识的“习得者”，就必须构建一种新的系统。这意味着现代教学将从“人—人”(man-to-man)系统转变为“人—环境”(man-to-environment)系统。⑭

传统的“教室中心、教师中心、课本中心”为特征的课堂，以“统一教学”为背景，教师对班级学生同步施教，传授知识，学生被动应付，接受知识，其教学形态属于“人—人”系统，前面的人指“教师”，将知识传授给后面的“人”——学生。

“人—环境”系统是一种新的教学形态，这里的“人”指学生，“环境”指尊重学生个性的、学生能够主动参与的学习环境，即“应答性学习环境”，儿童的学习通过与学习环境的相互作用而自然发生。现代信息技术的飞速发展使学习环境突破了传统课堂的教室环境、教学媒介，创生出新的学习场和环境，如虚拟情境、网络平台与信息媒体。

“人—环境”系统使学生直面丰富多样的“应答性学习环境”，不论是“生活化”的现实情境、交互性的学习资源，还是“信息化”的虚拟场域，都给予学生更多的选择、思考、探究和对话空间，从而习得富于真情实感的、有活力的知识，同时，学生主体性的学习活动也会对环境产生影响。“人—环境”的相互作用使学生的学习目的更加明确，兴趣更高，解决问题和探索环境的持久性增强。

（二）自主活动

教育的根本目的是促进学生主体性的发展。自主活动是影响学生主体性生成、发展的决定性因素。“如果任何改革不能引起学习者积极地亲自参加活动，那么，这种教育充其量只能取得微小的成功。”⑮

从普遍意义的个体发展来看，个体的既有素质和外在环境是个体发展的必要条件，但它们都只提供了个体发展的多种潜在可能性，要使这种潜在可能性向直接现实性转化，需要一个中介，这个中介就是个体的不同性质、不同水平的活动。⑯

在教学中，教学内容、教学环境、教学方法是学生发展的外在必备条件，需要通过学生积极主动的学习活动才能对学生的发展发挥作用。美国当代著名心理学家阿尔伯特·班杜拉(Albert Bandura)认为：“任何有机体观察学习的过程都是在个体、环境和行为三者相互作用下发生的……在很大程度上，环境只是一种潜能，它只能通过适当的行动才能使这种潜能成为现实。”⑰这种适当的行动也就是个体的自主活动。关于活动与个体的既有素

---

⑭ 转引自加藤幸次，等. 主编. 学习环境的创造. 东京：教育开发研究所，1997：11—12.

⑮ 转引自联合国教科文组织国际教育发展委员会. 编著. 学会生存——教育世界的今天和明天[M]. 华东师范大学比较教育研究所译. 北京：教育科学出版社，1996：265.

⑯ 曾继耘. 著. 差异发展教学研究[M]. 北京：首都师范大学出版社，2006：124.

⑰ [美]阿尔伯特·班杜拉. 著. 社会学习理论[M]. 陈欣银、李伯黍译. 北京：中国人民大学出版社，2015.

质的关系，饮誉世界的心理学家列昂捷夫在他的著作《活动·意识·个性》中认为，人的主体性的现实基础“不在他原有的遗传程序表中，不在他的天赋素质和欲望的深处，甚至也不在他后天获得的熟练程度、知识和技能包括职业技能中，而在借助知识和技能实现的活动的系统当中”。[18]

个体的发展实质上就是个体的内部世界与外部世界相互作用、相互转化的过程。学生在从事积极主动的活动过程中，通过“外部世界的内化”和“内部世界的外化”，实现自身的丰富与发展。

活动对学生主体性发展的影响程度，主要取决于学生对活动的自主程度，自主程度越高，对发展的影响就越大。

学生对活动的态度，可以分为三个等级：

等级Ⅰ：被动应答（被动式行为）→对主体性发展的影响非常小。

等级Ⅱ：自觉适应（接受并积极投入）→调动潜在能力，在完成任务的过程中获得一定的发展。

等级Ⅲ：主动创造（自主需求，主动探索）→自主提出活动目的和任务，自主探究与创造，主体性发展最为明显。

“主动创造”的自主活动是最富有发展性意义的活动，这也是现代教学要着力研究的一种活动，以期能够最大限度地促进学生主体性的发展。

四、从“被动学习”走向“能动学习”

基于核心素养的学校教育的功能必须从“知识本位”走向“素养本位”；基于核心素养的课堂教学必须从“被动学习”走向“能动学习”。[19]

（一）21世纪型能力

21世纪科学技术迅猛发展，国际竞争日趋激烈，国力的强弱越来越取决于劳动者的素质，对新型人才的培养受到国际教育界的高度关注。经济合作与发展组织（OECD）于1997年启动“素养界定与选择：理论与概念基础”项目，全世界基于核心素养理念的教育

⑱ 转引自［苏］阿·尼·列昂捷夫. 著. 活动·意识·个性［M］. 李沂等译. 上海：上海译文出版社，1982：136.

⑲ 同⑧：97.

变革由此拉开了序幕。

国际上推出的有代表性的"新型能力观"有"关键能力""PISA 型素养""21 世纪型能力"。其中,"21 世纪型能力"以美国推出的"21 世纪的学习与支援系统"、世界学习与技术研讨会界定的"21 世纪型能力的学习与评价"以及日本国立教育研究所提出的"21 世纪型素养"最具代表性。

1. 21 世纪的学习与支援系统

"21 世纪的学习与支援系统"旨在形成四种能力:(1) 核心学科及解决 21 世纪课题的能力;(2) 学习与革新技能;(3) 信息、媒体、技术技能;(4) 生存能力与职业技能。强调学校课程的一个关键课题,不在于习得孤寡的、碎片的、僵化的、垄断的知识,而在于建构通用的、综合的、无界的、分享的知识。[20]

2. 21 世纪型能力的学习与评价

国际研究项目"21 世纪型能力的学习与评价"(ATC21S)第一阶段的研究聚焦于"21 世纪型能力"的概念化与定义,制作了"KSAVE 模型"。[21] 该模型以"知识"(Knowledge)、"技能"(Skill)、"态度"(Attitude)、"价值"(Value)、"伦理"(Ethics)的第一个字母命名。

3. 21 世纪型素养

"21 世纪型素养"是日本国立研究所于 2013 年提出的,以"思考力"为核心,与支撑思考力的"基础力"以及运用知识技能的"实践力"共同构成三层结构(图 1－1),[22]体现了其独特的"学力模型"研究的积累。"学力"是在其客体侧面(作为学习对象的教学内容)与主体侧面(学习主体的兴趣、动机、意志等)的交互作用中,以其"能动的力量",作为主体性、实践性的人的能力而形成的。[23]

---

⑳ 同⑧:6—7.

㉑ 转引自[日]松尾知明. 何谓 21 世纪型能力:基于核心素养的教育国际比较[M]. 东京:明石书店,2015:31.

㉒ 转引自[日]森敏昭. 主编. 21 世纪学习的创造:学习开发学的进展[M]. 京都:北大路书房,2015:133.

㉓ 同⑧:8.

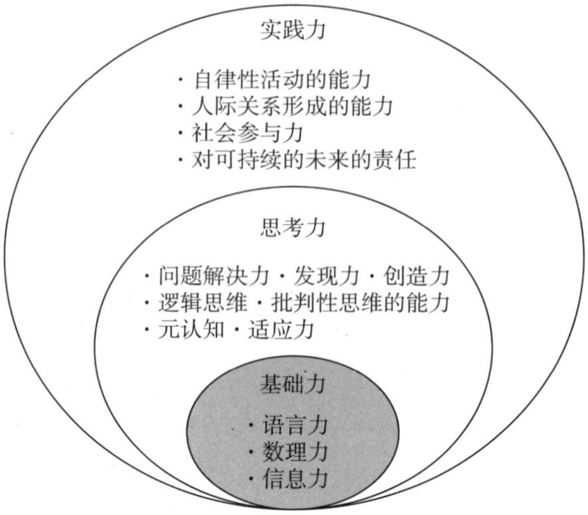

图 1－1 “21 世纪型素养”的框架

4. 我国界定的“核心素养”

我国界定的“核心素养”是指“学生应具备的，能够适应终身发展和社会发展需要的必备品格和关键能力”。[24] “中国学生发展核心素养”以培养“全面发展的人”为核心，分为文化基础、自主发展、社会参与三个方面，综合表现为人文底蕴、科学精神、学会学习、健康生活、责任担当、实践创新六大素养，具体细化为国家认同等 18 个基本要点。[25]

（二）课堂转型：从“被动学习”走向“能动学习”

在“知识社会”的时代，教育和学习将起核心作用，教学以知识的创新和应用为重点，终身学习将成为 21 世纪教育的定位。

21 世纪学校的课程与教学必须随着社会的变革而变革。在新世纪里，我国基础教育课程改革倡导建构的学习：“改变过于强调接受学习、死记硬背、机械训练的现状，倡导学生主动参与、乐于探究、勤于动手，培养学生搜集和处理信息的能力，获得新知识的能力，分析和解决问题的能力以及交流与合作的能力。”[26]

培育“21 世纪型能力”，其一，所需要的不仅仅是知识习得与再现的“记忆型”学力，更需要指向智慧的发现、创造、批判性思维、自我调整等“思考型”学力。其二，是培育学生的“元

㉔ 核心素养研究课题组. 中国学生发展核心素养[J]. 中国教育学刊，2016(10)：1—3.

㉕ 刘启迪. 打好中国学生发展核心素养的文化基础[J]. 当代教育科学，2017(5)：3.

㉖ 同①：6.

认知能力”,唤醒“自主意识”,真正进入积极的知识建构。其三,“内在学习动机”的培育,激发自律性“学习引擎”,这种自律性的学习态度能够在日常生活中最终定型为学习习惯。

“21世纪型能力”的培育,意味着课堂教学的转型:从“被动学习”走向“能动学习”。

1. 能动学习

“能动学习”最初是20世纪在北美兴起的一种旨在摆脱教师传统讲解的大学教育学习论,从20世纪70—80年代,特别是90年代以来,成为囊括大中小学的当今世界各国教育改革的一种思潮。[27]“能动学习”指向“被动学习”的两种偏向,即教师的主导灌输和学生的单纯听取。

2. 能动学习基于建构主义学习观

关于“建构主义学习观”的立场和观点,教学设计学家梅里尔(M. D. Merrill)总结出六条基本假设:(1)知识是从经验中建构而来的,学习是学习者创造其内部知识表征的过程;(2)共有的事实是不存在的,学习只是一个对世界的个人化的解释;(3)学习是一个积极的过程,学生通过积极的体验来建构意义;(4)学习是合作性的,所建构出的意义是将多种观点整合进学习者内部表征的结果;(5)学习应发生在真实的场景中;(6)单独的评价是没有意义的,它必须作为整个任务的一部分。[28]

从建构主义学习理论思考“学习”的三个问题。

第一,学习的实质是什么?建构主义学习理论认为,知识是客观世界在人脑中的能动反映。它内在于人的心灵中,绝非是静态现实的拷贝,而是个体对动态现实的积极建构。“知识必须被理解成一个动态的系统,是不断变化、不断重塑的。”[29]因此,学习不是被动地接受外界预存的东西,而是主动地生成自己的经验、解释、假设。“如果通过一种学习活动,个体的经验系统没有发生任何变化,那么,不管这种学习活动表面上看起来多么热闹,学习都没有真正发生或没有实质意义。”[30]

第二,学习的过程是怎样的?建构主义学习理论认为,学习过程是个体通过主体活动主动建构知识意义的过程,是主体与外界环境互动的过程。主体活动包括个体外显的行为活动和个体内隐的心理过程。主体心理活动有层次之分,“感知、领会、记忆”是低层次

㉗ 同⑧:98

㉘ 郑葳. 著. 学习共同体——文化生态学习环境的理想架构[M]. 北京:教育科学出版社,2007:35.

㉙ 转引自 Norton, P. *When technology meets the subject-matter disciplines on education.* Part one: Explaining the computer as metaphor. *Educational Technology*, 1992, 32(6).

㉚ 同⑯:115.

活动,有目的、有意识、有呼应的“反思、批判和创造”属于高层次活动。个体通过高层次心理活动建构起知识的个体意义,实现个体经验系统的重组与改造。高层次的思维活动是导致个体经验系统发生变化的根本原因。要判断一种学习活动是否有意义,从活动过程来看,要看个体是否进行高层次的思维活动。

第三,促进学习的条件有哪些?建构主义学习理论认为,教学活动要为学生主动建构经验的活动创造合适的条件,包括“尽可能多地唤醒、激活个体原有的经验”“提出难度适宜的学习任务”“创设良好的,能够支持、帮助和促进学生知识建构和意义生成的学习情境”“促进学习共同体的对话与交流”等。

依据建构主义学习理论的主要观点,我们可以用下图(图 1-2)来展示建构主义学习理论所理解的学习活动:

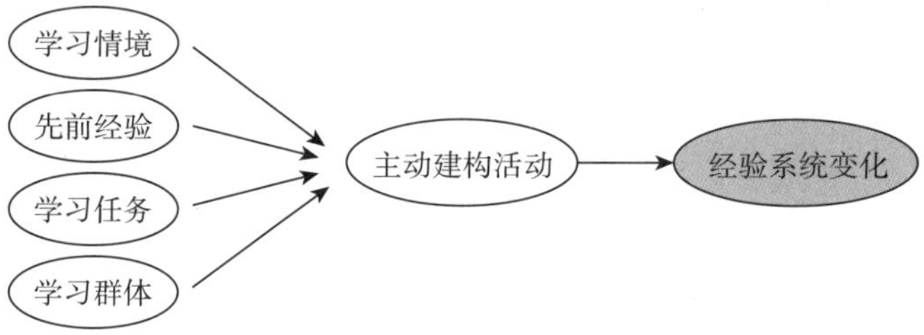

图 1-2 建构主义的学习观[31]

3. 素养本位的“能动学习”

指向“核心素养”的“能动学习”基于建构主义学习观,是面向问题的发现与解决而展开的探究性、协同性、反思性的学习活动——引发每一个学生的认知性、伦理性、社会性能力,同时以锻炼这种能力的对话与辩论、演习、实验、实习与实际训练为中心而展开的教学。[32]

素养本位的“能动学习”着力于摆脱单纯的“听讲”,重视“说、写、表达”,其特征是:(1) 学生从事超越了“听讲”的积极学习活动;(2) 着重于学生技能的培育胜于信息的传递;(3) 学生展开高阶思维(分析、综合、评价);(4) 学生积极参与活动;(5) 学生关注自身的态度与价值观的探究;(6) 伴随认知过程的外化。[33]

㉛ 同⑯:117.

㉜ 同⑧:1.

㉝ 转引自[日]松下佳代.深层能动学习[M].东京:劲草书房,2015:1—34.

五、 基于“核心素养”学习方式的特质

“让学习更合乎人类的本性，让学生能够更直接、深度地投入、参与到学习之中，进而实实在在地改变生活，改变世界。”[34]

（一）以知识运用为核心

“学习者要在激流、复杂的时代，将思维运用于新的情境。”[35]

“能动学习”从关注书本知识转换到聚焦学习过程，发展和引导学生自主学习和运用知识的能力。通过对已有知识的整合、判断和运用、创新，学生的学习经验和学习结果不再单纯指向读、写、算能力，而是广泛地体现在问题解决、合作、创造性、批判性思维提升等方面。

“能动学习”作为对传统学习方式的革新，旨在让学习者能够灵活、自主地迁移、运用所学知识，通过批判性、创造性地解决问题，创造自己的理解与个人知识，并与真实生活相连，运用所学知识参与生活，并改变世界。这是“能动学习”最核心的立场。

这种“运用知识的能动学力”被教育家纽曼等人界定为“真实性学力”：1. 不是既有知识的“再现”，而是新的知识的“生产”；2. 不是知识的“记忆”，而是基于先行知识的“学问探究”；3. 不是学校中封闭的知识成果，而是伴有“超越学校价值”的知识成果。[36]

“唯有通过运用知识解决问题这一环节，学生才能获得经验、自信、毅力和前瞻性思维，进而才能在知识社会、技术为导向的社会中创造，并实现自身的价值。”[37]

（二）经历“真实性学习”

传统教学的主要问题是“教什么”“如何教”，“能动学习”意味着从“教”转向“学”，积极地纳入儿童自身决定“如何学习”“学习什么”的课题，学生直面问题情境“卷入活动以及关于活动的思考”，以高参与度、高能量创造“有意义的学习经验”。这样的学习是一种“真实性学习”，能够让学生真正经历基于情境的、可迁移的知识建构的过程，获得“真实

㉞ 转引自 Michael Fullan，Maria Langworth. *A Rich Seam：How New Pedagogies Find Deep Learning*［M］Pearson，2014：1.

㉟ 转引自 Michael Fullan，Joanne Quinn，Joanne MeEachen. *Deep Learning：Engage the world，Change the World*［M］. Thousand Oaks，CA：Corwin，2018：13.

㊱ 转引自［日］松尾知明. 学校课程与方法论：培育核心素养的教学设计［M］. 东京：学文社，2015：45.

㊲ 同㉞：2.

性学力”。

“真实性学习”关注如下几个视点：

1. 尊重差异

差异即多样化，学生之间的“差异”是客观存在的，关注并尊重个体差异是“真实性学习”的基本前提。在“建构主义学习观”看来，学习是全局性地建构的，这种建构过程的主体是学生。学生是知识的发现者和建构者，学生越是多样，集体思维越是活跃。

从根本上说，学习是个体已有经验与外界新信息相互作用的过程。知识的获得不仅意味着对新信息的接收与理解，更意味着对个体已有经验的重组或改造。因此，个体已有经验的差异对当前学习有较大的影响。“真实性学习”应是对学生已有经验的全面关注，不仅要关注“课内的、结构性的、知识性的”具有外显性的经验，也要重视“生活中的、非结构性的、情感性的”内隐的经验，使个体意义建构的经验基础变得厚重、宽广。

“真实性学习”一定是基于“差异”的学习，尊重“差异”的学习，是“彼此尊重差异的学习共同体”所追求的。

2. 知行合一

“纸上得来终觉浅，绝知此事要躬行”——集中反映出“习”“实践”的意义，倡导学以致用、知行合一。

“学”“习”在我国教育传统中是两个独立的会意字，具有独立的含义。“习”的本义是小鸟反复地试飞，引申的意义为实践，蕴含着知识运用、践行的过程。《论语》的开篇中反复提及“习”的重要性：“学而时习之，不亦说乎。”“时习”之，并非单纯“温习”“复习”之意，更有“实践”的内涵；“吾日三省吾身——为人谋而不忠乎？与朋友交而不信乎？传不习乎？”所传授给别人的东西，自己实践过吗？荀子的《儒效篇》也提出：“不闻不若闻之，闻之不若见之，见之不若知之，知之不若行之。行之，明也。”实践了，就明白了。

“真实性学习”秉持这样一种观点：学习者必须成为能动的参与者，躬行实践，通过“具身”和感性的实际感受获得个性化体验，省思知识，解决现实问题。

3. 协同分享

能动学习是在儿童之间自主地展开共同活动，是儿童一起思考的学习活动。建设一个良好的、能促进个体之间交流互动的学习群体对“真实性学习”具有重要意义。通过协同分享的活动共同完成一定的学习任务来建构学习，能够引出儿童集体的教育力，促发儿童自身的思考。

“倾听”“议论”“洞察”是学生“协同学习”的主要行为。在这里，“倾听”不是被动接受，而是能动地听取——倾听者与分享者一起思考并推进思考的发展，通过这样的沟通，凝练思维。“议论”是激活儿童提出质疑、思考判断的一种自主性探究，儿童自主性、主体性的协同关系从议论中开始。没有议论，就不再有倾听，不再思考，不再有思维火花的迸发。“洞察”是通过沟通理解他人的意义世界，从他人的经验中体悟到“对自身的意义”，并通过再沟通，同他者分享共有的意义世界。

4. 动态生成

课堂教学实际上是种种要素复杂交织而又与时俱变的现象，国际课堂研究专家把这种伴随着复杂性与不确定性的教学，视为“动态的生命体”。[38] 在“能动学习”的课堂中，无论是教师还是学生，每一个人都应该是独特的、个性的存在，都是构成教学“动态生成”的生命要素。“动态生成”本质上就是师生在教学情境中思考并真实地“表现”自己，在各自不断的“表现”过程中，拥有“自我认同”并形成“整合”，超越“自我”，汇聚成“集体思维的能量”。

“引发被思考的能源激活了经验，正是课堂存在的理由。理想的课堂永远是火花四溅、能源充沛的思考的世界。”[39]学习者真实历经知识运用与解决现实问题之后，最终实现化知识为素养。

---

[38] 转引自［日］浅田匡，等. 编著. 成长的教师：教师学的诱惑［M］. 东京：金子书房，1998：8.

[39] 转引自［日］斋藤孝. 思考的课堂［M］. 东京：岩波书店，2015：214.

第二章 “体验式学习”的内涵解读

体验:通过实践来认识周围的事物;亲身经历。①

无论对艺术享受还是对艺术创作来说,体验都是决定性的源泉。一切都是体验。

——【德】海德格尔

一、体验的意义推断

“体验”是一个内涵十分丰富的概念。体验的概念起源于哲学,之后进入心理学领域,当前体验的研究成果在教育领域应用最为广泛。在哲学、心理学、美学、教育学等各学科领域,对体验概念的界定不尽相同。

(一)体验的一般语义

在我国,“体验”的思想源远流长。关于“体验”的语义早已有之:“故圣人以身体之”(《淮南子·汜论训》),“力行近乎仁”(《礼记·中庸》),有“身体力行”“亲身体验并尽力实行”之意。“体验”一词出自《朱子语类》卷第一百一十九:“讲论自是讲论,须是将来自体验。说一段过又一段,何补!……体验是自心里暗自讲量一次。”

我国《现代汉语词典》对“体验”的解释是“通过实践来认识周围的事物;亲身经历”。英语中与体验相对应的单词是“experience”,可译作(由实践得来的)经验、实践、经历,还可以译作感受、体会、阅历等。可见,“体验”指向的是“外在”的“真实的世界”,通过“体验”所感受到的则是“内在”的“个人主观现象”。

(二)哲学意义的体验

作为一个哲学概念,对“体验”的论述较多、较深入的是德国生命哲学的创始人狄尔泰,他认为,体验不同于一般认识意义上的经验和感受,而是指内在的、独有的、发自内心的,和生命、生存相联系着的行为,源于个体生命深层的对人生、对生命、对生活的领悟,特指“生命体验”。

在体验的具身研究时期,德国哲学家伽达默尔从身体经验出发,认为如果某个东西不仅被经历过,而且它的经历存在还获得了一种使自身具有继续存在意义的特征,那么这种

① 中国社会科学院语言研究所词典编辑室.编.现代汉语词典.北京:商务印书馆,2017:1288.

东西就属于体验。“体验不仅是认识的基础,而且成为生命过程本身的要素……由于体验本身存在于生命整体里,因此生命整体也存在于体验中。”[②]

德国另一位哲学家海德格尔将体验的概念研究推进到认知领域,他的“体验说”强调:“存在的现实性和事实性就在于体验”“体验就是领会,人是在领会中并通过领会把握存在的意蕴的”。在海德格尔的存在哲学中,存在是一种最原始、最根本的状态和体验,“一切都是体验。”[③]

在哲学家看来,体验的内涵是以内在的心灵去体悟世界。“体验就是人对现实存在的接触、感觉、猜想、思辨,就是以人为本位地对现实世界的实践和思考。体验是一种全身心的专注投入,它让自己渗透于现实存在,同时也让现实存在渗透于自己。”[④]体验的核心、出发点和归宿是主体对于生命意义的领悟和情感表达,在这一过程中,世界更加丰满,人也更加丰满。

(三)心理学中的体验

心理学意义上的“体验”主要是指有诸多心理因素共同参与的心理活动和情感需求,是通过“认知——情感——意志——行为”的活动过程来实现的。体验中有认知的参与,但仅有认知还不成其为体验,还应该有在一定经验关联中发生的情感融入和态度、意义的生成。

从存在论出发,美国著名心理学家马斯洛(Abraham H. Maslow)认为,体验“可能是瞬间产生的、压倒一切的敬畏情绪,也可能是转瞬即逝的极度强烈的幸福感”。[⑤] 在他看来,体验既包括情感,还包括认知成分,不仅仅是指一种情感状态,而且还指一种心理状态。

从心理活动论出发,苏联心理学家瓦西留克认为体验是“人在度过这样或那样的(通常是艰难的)生活事件、情况时的一种特殊的内部活动、内部工作”“指主体意识内在的、直接的、经常的情绪的形式”。[⑥]

从情绪理论出发,我国学者乔建中认为情绪的主观体验是脑的感受状态,是心理活动的一种带有独特享乐色调的知觉和意识;童庆炳认为,体验是“以主体在认识过程中和心

---

② 转引自[德]汉斯·格奥尔格·伽达默尔. 著. 真理与方法:哲学诠释学的基本特征.[M]. 洪汉鼎译. 上海:上海译文出版社,1994:59.

③ 转引自[德]马丁·海德格尔. 著. 林中路[M]. 孙周兴译. 上海:上海译文出版社,1997:63.

④ 赵皖生. 著. 人类的终极意义[M]. 国家行政学院出版社,2014:142—144.

⑤ 转引自[美]马斯洛,等. 著. 人的潜能和价值[M]. 林方主编. 北京:华夏出版社,1987:366.

⑥ 转引自[苏]瓦西留克. 著. 体验心理学[M]. 黄明等译. 北京:中国人民大学出版社,1989:9—10.

理过程中所积累的经验内容为对象的，是对经验带有感情色彩的回味、反刍、体味”。[⑦]

（四）美学中的体验

对美的感受是人类原始体验的一种。作为一个美学概念，体验即审美体验。“通过对表现生命活力的品性进行观察和反应而获得的对生命活力的体验，被称作审美体验。”[⑧]它是感性与理性的统一，是一种丰富的、活跃的、深刻的瞬间领悟，西方美学认为，这种瞬间领悟是极不平常的，它给人带来的体验是难以忘怀的、永恒的生命张扬。体验是对一切事物进行审美感知以及对一切通过自己感官感受到的事物作出反应，是在观赏和享受美时产生的深层的、鲜活的、令人沉迷而难以言说的特殊的内心感受，它伴随着紧张剧烈的内部活动，丰富活跃的想象和热烈欢快的情感。

审美体验是内在的、淡然的、疏远的，它同时又是参与的、外向的、容易感动的。在审美体验中，总是有一种感性因素——一种对真实意识的呈现。

人类的所有体验都充满了主观感应，人文艺术是人类得以积极探索并体验人的主观可能性的无限丰富的途径。审美体验能够使人的感觉纯化和敏锐，并探测到这些感觉的表层下面，进一步深入到它所暗含的感情当中，捕捉到它的深度并加以改造，从而使主体意识深化。

（五）教育学中的体验

当前，我国教育工作者对体验的定义各有不同的理解，主要有以下几种观点：体验是个体对某种事物的实际经历；体验是人把握自身与世界的一种思维图式；体验是产生情感且生成意义的活动；体验是和生命不可分离的。

结合上述观点，可以从以下几层含义来理解教育学视域中的“体验”。

其一，“体验”是教育所要达到的目标。体验是和生命共生的，是意义的建构和价值的生成。教育“要去看见，要去感知，而不仅仅是去认知、去识别”。学生在对世界的感受与体验的过程中，深切感悟生命的意义，滋养心灵和精神世界。教育最根本的目的是培养人体验和领悟世界的意义和人存在的意义，使学习者成为自我生命的体验者和创造者。

其二，“体验”是教育过程的本质之一。学习活动是学生知、情、意的全身心投入，教育

⑦ 转引自童庆炳．主编．现代心理美学[M]．北京：中国社会科学出版社，1993：55．

⑧ [美]贝内特·雷默．著．音乐教育的哲学[M]．熊蕾译．北京：人民音乐出版社，2003：135．

过程是个体对某种事物的实际经历，是学生在教育情境中不断体验的过程。学生只有通过亲身体验，去“搜寻并发现”，主动卷入其中，才能真正走进内在的世界。

其三，“体验”是达到教育目标的重要方式。美国教育家杜威(John Dewey)认为，教育的重要本质就是经验或体验的不断改造和改组，并提出了“做中学”“教育即生活”等具有浓厚体验色彩的教育思想。“体验”是学生获取直接知识、形成学习能力、唤起创造潜能的重要方式。学校教育应创设开放的情景，让学生通过各种体验形式深刻体悟周围的世界，通过多种体验渠道发挥潜能，使心灵得以充分发展。

虽然学者们对“体验”提出各有差异的结论，但我们仍然可以找出其共同的本质特征，即“体验是个体在活动或是交往中，所生成的一种对自身以及其他存在的感受和领悟，是认知和情感综合起来发生的共鸣性心理状态”。⑨ 因此，我们可以认为，“体验”是个体在开放、互动环境下的情景亲历并指向一定价值、意义和情感的内在生成。

从教育心理学的角度看，体验的过程包括四个阶段，且与个体的自我意识紧密相连。第一阶段：个体亲历，这是体验的第一个过程，即个体亲身经历某一件事或某一个情境的阶段；第二阶段：形成概念或观念，在这一阶段，个体对亲历过程进行抽象、概括和反思，形成概念或观念，这也是个体形成人生经验的阶段；第三阶段：检验观念的适应性，经验具有个体性、主观性，需要在新情境中加以检验，以此来克服经验中的不足，或巩固经验的合理之处，同时促进思维的灵活性；第四阶段：再反思，产生新经验、新认识。由此可见，“体验”是在实践活动中，促进学生不断产生新经验，发展学生适应自然与社会的能力，使学生自主成长的一种学习方式。

二、“体验式学习”的内涵

我国基础教育课程改革的重点之一是如何促进学生学习方式的变革，它倡导“以参与求体验，以创新求发展”的“学习者中心型教学”。“体验式学习”就是教学研究中的一个新课题，它以其独特的方式对教学关系、学习效率、交往沟通、能力发展等产生积极而深远的影响。

---

⑨ 蒋文英．体验、情感体验与大学生思想政治教育实效性分析[J]．传承，2012(18)：40.

（一）何谓“体验式学习”

“体验式学习”是指学习者亲历种种活动，获得直接经验，同时能够获得自然体验、职场体验、社会服务体验等各种体验的学习方式。这是广义的“体验式学习”。美国著名教育家、心理学家杜威的经验主义理论和德国“职业学校之父”凯因斯坦纳（G. Kerschensteiner）的劳作学校论都强调“体验式学习”的重要性。

近年来，“体验式学习”在各国中小学课程中得到重视与强调。课程教学中的“体验式学习”指的是“学生通过生活体验和体验性活动进行知识建构的学习方法”。[⑩] 这里的“体验”至少应包含两个层面，即行为体验和情感体验。行为体验是指学生亲身经历的动态过程，通过参与活动在具体情境中获得一些经验。情感体验是在行为体验的基础上发生的内化、升华的心理过程。两者相互作用，相互依存，积极促进学生发展。

“体验式学习”立足于建构主义的学习观——人是在同他者的交往中建构自己的知识的。它的主要特征是参与、体验、交流。“参与”指的是学习者不是被动的“旁观者”“聆听者”，而是活动的热情“参与者”，基于自己的知识、经验与体验参与活动，主动学习。“体验”是指学生通过“具身”和感性的实际感受获得感悟、理解，达到意义的建构。“交流”意味着每一个参与者都是平等的。学习不是教师向学生传递知识的单向型教学，而是师生之间、生生之间对话协商的双向乃至多向型教学。学习者多向交互，相互分享，从他者身上得到启发，深化学习。“参与、体验、交流”体现了“体验式学习”的意义——通过儿童亲身的感受与思考来进行学习。

实施“体验式学习”是指“学生在教师的组织、引导和合作下，在一定的情境下，参与特定的教学活动中，个体经历知识的形成与应用过程，积累个人经验，从而获取知识、应用知识、解决问题”。[⑪] 其中，让学生亲身经历学习的过程是生成体验学习活动的重要途径。

（二）“体验式学习”理论的溯源与发展

在国外，古希腊时期就已经萌芽“体验”的教育思想。哲学家、教育家苏格拉底（Socrates）认为，知识不可以移植，教师要做新知识的“产婆”——“把存在于学生内心的知识导引出来，让学生自己去发现存在于内心的真理”。

法国哲学家、教育家卢梭（Jean-Jacques Rousseau）提出“由于所有一切都是通过人的

---

⑩ 转引自恒吉宏典等. 编. 授业研究 300 重要术语［M］. 东京：明治图书，2010：204.

⑪ 崔雪琦. 音乐基础教育中体验式学习理论的探索与研究［D］. 首都师范大学硕士论文，2006.

感官而进入人的头脑的，所以人的最初的理解是一种感性的理解，正是有了这种感性的理解做基础，理智的理解才得以形成”，“让孩子从生活和实践的切身体验中，通过感官的感受去获得他所需要的知识”。[12] 夸美纽斯（Comenius Johann Amos）认为，知识的开端永远必须来自于感官，“人类必须尽可能研究天、地、橡树和山毛榉之类的东西，去学会变聪明，而不是依靠书本学习；就是说，他们必须学会了解并考察事物本身，不是别人对事物已作的观察”。[13]

比较完备的体验式学习思想初步形成于20世纪初，犹太裔教育家库尔特·哈恩（Kurt Hahn）提出“一切知识都源于实践”，“经验来自亲身体验，就会深刻得终身不忘”等观点，并创办“做中学”学校实践他的“以体验为核心”的教育思想。

美国把体验式学习方式运用于普通学校教育教学中。在尝试体验式学习的同时，在教育理论范畴对体验式学习作了广泛而深入的探索。教育家杜威提出“做中学”教育理论——“儿童不从活动而由听课和读书所获得的知识是虚渺的”，“教学过程是师生一起对世界的探究、欣赏、体验和感动的过程”。教育心理学家布鲁纳（Jerome Seymour Bruner）在其“认知发展理论”“发现学习理论”中阐述了他的体验式学习教育理念——“学习是学生在教师的引导下自己主动观察事物、发现事物、组织成知识结构的学习过程。”“发现学习的过程需要学生以主动积极的探索，运用直觉思维和分析思维对未知知识进行大胆猜想与反驳。”教育家大卫·库伯（David Kolb）在他的著作《体验式学习——经验是学习和发展的源泉》中提出“体验式学习圈”理论。他认为体验学习过程是由四个适应性学习阶段，即“体验（Experience）、反省（Self-reflection）、推测（Theorization）、行动（Action）”构成的环形结构（图2-1），[14]形成一个贯穿的学习经历，学习者自动完成反馈与调整。在库伯看来，学习过程也就是处理好具体与抽象、反思与应用之间的矛盾冲突历程。只有在辩证对立的感知与领悟之间达到统一，学习者才可获得体验的意义，而这需要学习者通过体验的转换才能完成。

体验教学思想在我国也有比较深厚的历史渊源。如古代荀子的“学至于行之而止矣，行之，明也”（《荀子·儒效》），魏源的“及之而后知，履之而后艰，乌有不行而能知者乎”

---

⑫ ［法］卢梭.著.爱弥儿（上卷）：论教育［M］.李平沤译.北京：人民教育出版社，1987：141.

⑬ 转引自［捷］夸美纽斯.著.大教学论［M］.傅任敢译.北京：人民教育出版社，1984：126.

⑭ 转引自［美］大卫·库伯.著.让体验成为学习与发展的源泉［M］.王灿明、朱水萍等.译.上海：华东师范大学出版社，2008：35.

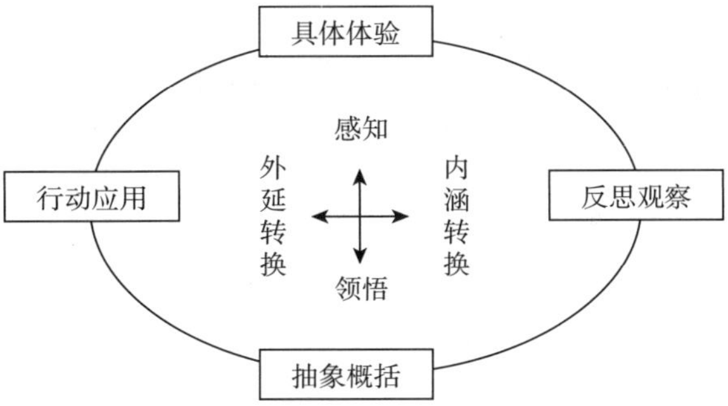

图 2-1 库伯的四阶段“体验式学习圈”

（魏源《默觚·学篇二》），朱熹的“为学之实，固在践履”（朱熹《答曹元可》），颜元的“心中醒，口中说，纸上作，不从身上习过，皆无用也”（颜元《存学篇》卷二）。近代最有影响力的教育家陶行知先生提出的“教学做是一件事，不是三件事。我们要在做上教，在做上学。不在做上用功夫，教固不成为教，学固不成为学”，充分阐明了他“实践第一”的体验式教育思想。他还提出“我们要极力地锻炼学生，使他们得到观察，知疑，假设，试验，实证，推想，会通，分析，正确，种种能力和态度，去探求真理的泉源”。⑮ 现代体验式学习理论在我国的研究还处于初始阶段，并且主要集中于心理学专家的一些研究论述，就教育实践而言，在学科教学中系统的探索为数不多。

笔者在大量参阅体验式学习理论的基础上，结合自身音乐课堂教学研究与实践，以及指导教师所作的课例实践与研究，对“音乐课堂体验式学习”作较为系统的理论与实践相结合的建构。

三、音乐教学中的“体验式学习”

音乐存在于许多音乐实践或音乐文化中；带领孩子们走入各种各样的音乐实践中去。⑯

（一）国外“音乐体验”教学思想的启示

“体验式学习”是国外教育理论界比较活跃的领域，相关研究理论比较丰富。体验式学习理论运用于音乐学科的实践研究起步较早，而且形成了独特的“音乐体验”教学思想。

---

⑮ 江苏省陶行知教育思想研究会，南京晓庄师范陶行知研究室．合编．陶行知文集［M］．南京：江苏教育出版社，1991：61.

⑯ ［美］戴维·埃里奥特．著．关注音乐实践——新音乐教育哲学［M］．齐雪，赖达富．译．上海：上海音乐出版社，2009：127.

德国杰出的音乐教育家卡尔·奥尔夫(Carl Orff)“原本性”音乐教育强调:“原本的音乐是接近土壤的、自然的、集体的、能为每个人学会和体验的、适合于儿童的;原本的音乐是一种人们必须自己参与的音乐。”⑰因此,从音乐存在方式的行为、形态、意识三个层面都着重强调“音乐体验”的思想:儿童不是被动的听众,而是音乐创作的积极参与者;音乐感来自于孩子们自身的经历、体验,只有经历了才能感受到音乐;“音乐是心灵的交流,最重要的是让儿童从自己内心出发来玩和奏”。⑱

瑞士音乐教育家雅克-达尔克罗兹(Emile Jaques-Dalcroze)强调“音乐教育应该是对音响和情感的体验”。普通音乐教育的目的不能仅仅停留在音乐本体的层面,音乐本身具有情感,在普通学校音乐教育中我们要寻找一种方法来得知学生在聆听音乐的时候是否能感同身受。课堂音乐教学的音乐经历要求学生体验音乐内部的内容和情感,“学生是否具有相同的感受?每个人的心理变化是如何?他们是否能真正静心去体验?”⑲因此,我们需要一种体验的方法。“体态律动”的表达方式能够即时地表现参与者对音乐的感知,这些感知联结起来,铺成一个台阶,最终走向情感表达。

匈牙利音乐教育家柯达伊(Kodály Zoltán)认为“音乐属于每一个人”。他说:“音乐能够让一切创造精神财富的巨大源泉充分涌流。我们无需花费任何努力,即可让尽可能多的孩子和成年人敞开心扉,去享受精神的饱满和富足。”⑳他的这一思想表明,每个人都能去积极地感受、体验、理解和享受音乐。通过音乐,我们可以拥有一种直接打动内心的、朴素的人类灵魂的表达方式。

在当代,美国音乐教育哲学家贝内特·雷默(Bennett Reimer)的著作《音乐教育的哲学》和戴维·埃里奥特(David Elliot)的著作《关注音乐实践——新音乐教育哲学》,都从哲学的角度思辨“音乐体验”“审美体验”。贝内特·雷默指出,审美教育的目的是提高所有人获得审美体验的能力,审美观察和审美反应是参与审美体验的两个必要的行为。在音乐教学中,“必须尽可能提供一切机会进行审美观察,并鼓励或至少使得审美反应能够发生”。“艺术作品的意义只能通过对具体品性的直接领悟来获得。在这个意义上,对艺术的体验是‘直截了当’的,也就是说,在被领悟的作品和其表现力之间,没有中介物或中间

⑰ 李妲娜,修海林,尹爱青.编著.奥尔夫音乐教育思想与实践[M].上海:上海教育出版社,2002:40.

⑱ 同⑯:47.

⑲ 陈蓉.著.音乐教学法教程[M].上海:上海音乐学院出版社,2013:61.

⑳ [加]洛伊斯·乔克西.著.柯达伊教学法Ⅱ——从民歌到经典[M].许洪帅,佘原译.北京:中央音乐学院出版社,2014:2.

步骤,是直接感受到的。”[21]戴维·埃里奥特认为:“音乐体验源于特定的音乐素养与特定的音乐挑战的匹配关系;音乐体验的基本价值是自我成长、自知自觉和沉浸;在音乐体验期间,音乐制作者和聆听者经常体验到忘情投入和全身心投入。”[22]音乐教育的目的是使学生通过音乐实践来实现自我发展、自知自觉和音乐沉浸。

德国梅西尔德·福克斯(Mechtild Fuchs)教授在她的著作《德国当代音乐教学法》中提到德国音乐教育的“音乐化”这个概念,“音乐化”更多地关注教育的主体,即孩子们和他们的音乐能力的发展。在这个前提下出现了“建构型音乐教学法”,这种教学法不针对具体的演唱技巧或器乐演奏技能,而是“循序渐进地将一个人的音乐能力建构起来,使他能够用音乐的方式感受和体验音乐”。[23] 用“音乐的方式”进行音乐体验的能力体现在学生的音乐实践活动中。

(二)音乐教学“体验式学习”概念理解

音乐是一种多样化的人类活动,因而具有多文化属性,存在于许多音乐实践或音乐文化中。因此,音乐教育的根本责任是“带领孩子们走入各种各样的音乐实践中去”。音乐学科的审美特点决定了音乐教学不应该以知性的、理性的方式来传达给孩子们,而应该是以直接的、直觉的方式来进行,要强调学习主体——学生的体验。

音乐教学中的“体验式学习”是指学生通过聆听、演唱、演奏、综合性艺术表演和音乐编创等各种音乐实践活动,联系自身生活经验和已有的音乐经验,主动参与音乐学习,获得对音乐的直接经验和丰富的情感体验。

音乐教学中的“体验式学习”是学生对音乐的感受、感悟和音乐对学生的感染、感化的过程,是有认知、行为、情感参与的学习活动,具有主动参与、亲身经历、多声对话的特征。

“主动参与”是指教师积极创设各种情景和活动,引导学生全身心参与;“亲身经历”指学生亲历音乐学习过程,从感知到认知,从体验到概念,从理解到运用,建立有意义的学习;“多声对话”是指各种音乐实践活动把教师、学生和教学内容紧密联系在一起,师生以平等的身份参与教学活动,共同讨论,解决问题。

在音乐课堂,我们通过“体验式学习”追求学生的自我成长、自主性知识建构和深刻的

---

[21] 同⑧:122—123.

[22] 同⑯:119.

[23] [德]梅西尔德·福克斯.著.德国当代音乐教学法——梅西尔德·福克斯教学实例[M].顾家慰译.上海:上海音乐学院出版社,2019:9.

音乐沉浸，促使学生一生音乐伴随的关键——音乐素养的形成。

（三）音乐教学缘何提倡“体验式学习”

美国学者、著名的学习专家爱德加·戴尔（Edgar Dale）提出“学习金字塔”理论（图2－2），其中，“听讲、阅读、视听、演示”属于被动型学习，“讨论、实践、教授给他人”属于主动型学习。各种学习方式拥有的“学习内容平均留存率”从塔尖到塔底依次为：听讲5%，阅读10%，视听20%，演示30%，讨论50%，实践75%，教授给他人90%。需要说明的是，不同的学习者对知识的保持率是不一样的，所以平均学习保持率不会是一个定值，金字塔上的数字可理解为宏观角度的概率，对具体的个体而言，可能会有较大变化。从中我们发现，学习效果在50%以上的，都是注重实践的团队学习、主动学习和参与式学习，学习者不是旁观者，不是听众，而是积极的参与者。“学习金字塔”理论让我们对素养本位的“能动学习”的本质的理解更加清晰：一是真正的智慧不是通过教师传授得到的，而是学习者在与客观世界对话、与他者对话、与自我对话的交互中自行建构的；二是能动学习必须超越传统的知识观和学习观，要把学习的主导权还给学生，使每一个学生真正进入积极的知识建构，追求高阶思维的“深层学习”，成为“终身学习者”。

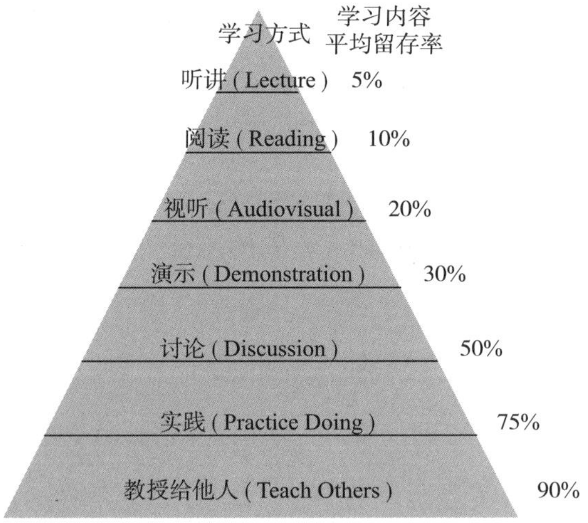

图2－2 “学习金字塔”

音乐教学的核心是审美体验，音乐塑造的美、音乐传达的情感是无法靠讲授、告知而感受到的。在普通学校的音乐教育教学中，长期以来，教师们比较注重音乐知识的传授、音乐技能的练习，说教式、缺乏体验的音乐学习，抑制了人的本能，丧失了身体的灵动，导致学生缺乏对美的感悟、流露与表达。在音乐学习的过程中,仅仅依靠听觉感官是不够的,原本应该是自然的、直觉的、个性的想法和感受,如果没有多种感官的参与,长期得不到关注与抒发,就会陷入沉默。要实现有意义的音乐学习,唯一的途径就是让学生参与实践,亲身体验,沉浸于音乐之中自主学习、自我成长。

音乐教学缘何提倡“体验式学习”,可从以下三个角度来思考。

1. 课程性质角度

“实践性”是音乐学科的课程性质之一。“音乐音响不具有语义的确定性和事物形态的具象性。音乐课程各领域的教学只有通过聆听、演唱、演奏、综合性艺术表演和音乐编创等多种实践形式才能得以实施。学生在亲身参与这些实践活动过程中,获得对音乐的直接经验和丰富的情感体验”。[24] 由此,课标提出“强调音乐实践,鼓励音乐创造”的基本理念,指出“所有的音乐教学领域都应强调学生的艺术实践,积极引导学生参与各项音乐活动,将其作为学生走进音乐、获得音乐审美体验的基本途径”。

2. 教育对象角度

从儿童的身心特点和审美特征来看,小学低年段学生以形象思维为主,好奇好动,模仿力强,对节奏的感受力较强,能够通过身体动作对节奏和旋律做出反应;小学中高年段是发展音乐感知能力的最佳时期,学生的认知领域进一步扩展,运动觉、听觉显著增强,节奏、旋律的表现力更加丰富,体验感受与探索创造的活动能力增强,喜好生动活泼的教学形式;初中生身心渐趋成熟,参与意识和交往愿望增强,情绪情感日益丰富并具有波动性,教学中要通过多种形式的艺术实践活动,巩固和提高表现音乐的能力。从儿童的认知特点来看,小学生的认知具有“形象→抽象”“感性→理性”“体验→概念”的规律,初中生的抽象思维虽然有了发展,但具体形象思维成分仍起着重要作用。因此,教学中要注重学生的多感官参与,在各种音乐实践活动中运用不同感官的听、看、动感受音乐,通过感觉的迁移和音乐思维获得审美体验。

3. 音乐本质角度

音乐教学必须充分认识并把握音乐的本质。音乐是最抽象的艺术,具有“非概念性、时间性、无形性”的特征。一是“非概念性”。音乐是声音的艺术,诉诸人们的听觉感知,一个人的音乐素质取决于他的听觉感知是否敏锐、准确、具有审美品质,培养、锻炼、提高学

---

[24] 中华人民共和国教育部制定. 义务教育音乐课程标准(2011 年版)[S]. 北京:北京师范大学出版社,2012:2—3.

生听觉感能是音乐教育教学的主要任务。二是时间性。音乐是时间的艺术，随着时间的进程流淌而出，在时间中追随心灵的运动；音乐具有严密的律动性和节奏性，具有内在的动力，是最能与动作水乳交融的艺术。三是无形性。音乐是无形的，通过流动的音响才能展现它的本来面貌。音乐教学怎样来体验和表达这一“最抽象的艺术”呢？需要倚赖有形思维，音乐是最抽象的也是最直接的艺术，它能够诉诸儿童的听觉、动觉和视觉，透过声音唤起孩子们存在心底的印象。

四、 音乐教学“体验式学习”的六个层次

对音乐除了感觉上的把握和理性上的把握外，还有一种超概念性的理解。[25]

音乐教学中，体验式学习是带有明确的学习目标的一系列事件，在这一系列的某一阶段或某些阶段中需要参与者的积极参加，从具体的、形象的视点发展至抽象且建构的视点，从自我中心到反省内化，从浅层学习到高阶思维。参与者卷入、直接学习、责任感与学习方法的灵活运用是学习中关注的要点。

学习者具有两种获取体验的方式：一种是感知，即具体体验，是个体依靠真实具体的觉察来获得直接经验；另一种是领悟，即抽象概括，也就是使体验深入内心并依赖概念解释或符号描述的认知过程。

体验、概括、反思与行动是发展至思维的连续统一体，个体自主的知识建构需要经过体验的意义转换。体验的意义转换方式包括内涵转换和外延转换。内涵转换是指对个体的体验进行反思和观察；外延转换即行动应用，指应用或迁移个体的抽象概括结果。内涵转换所形成的意义要经由外延扩大的过程去检验，使得体验学习产生迁移。

笔者从体验的获得方式和意义转换方式的角度出发，提出音乐教学“体验式学习”的六个层次（图 2－3）：学习是植根于体验的连续过程，知识通过个体的体验而不断受到检验，使学习者形成一种持续探索的冲动并不断深化。

㉕ 转引自［日］野村良雄．著．音乐美学［M］．金文达，张前译．北京：人民音乐出版社，1991：132．

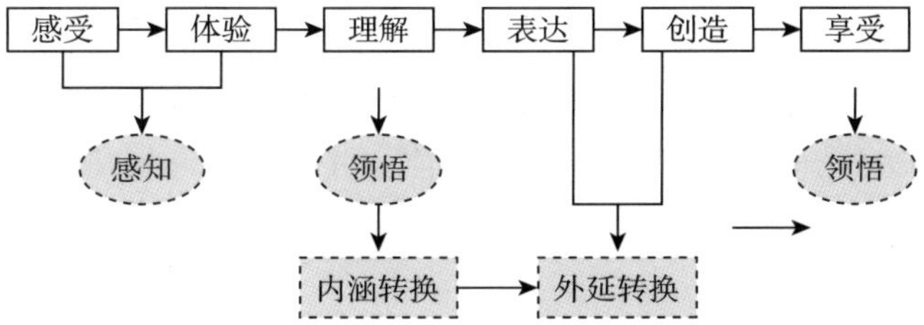

图 2-3 音乐教学"体验式学习"层次图

(一) 感受

感受是指感觉器官接受外界事物的客观刺激得到的体会,表面上看是一种浅层的心理现象。对音乐的感受是体验式学习的初始阶段,也是音乐审美心理活动的基础,对音乐直接的感受是在丰富的音乐实践活动中形成的。例如,学生在欣赏《糖果仙人舞曲》时,以聆听的方式直接接受音乐,尽管他们对音乐的旋律特点、乐器音色、乐曲的结构、音乐形象等,还没有较多的体验和理解,但是,他们从生动的音响流动中能初步感受音乐很迷人,很美妙,还有点神秘的色彩,让人心情很愉快。这种愉悦之情,还只是生理上的、感官上的,是初级的生理感受,这种生理感受被玛克恩·德索在《美学与艺术理论》一书中称为"审美反射",往往具有直觉的品格。

儿童对声音的激情反应与他对音乐感受的细腻程度直接相关,而音乐感受的形成和深入又与唤起感受的音乐活动有密切的关系。音乐、语言、运动等混合形式的音乐活动最接近儿童的心理。因此,教学中应该设计多感官参与的实践活动让学生直接接受音乐,当学生从音乐中受到某种情绪的感召时,会促使大脑的心理机制处于活跃状态,学生的激情一旦被激发,便能最大限度地展开其心理活动,自然会增加感受的敏感力度。

美国心理学家罗杰斯的"人本主义教学理论"认为,教育应从学习者心理需要出发,重视其个性及感受。感受阶段,学生虽然获得的只是一种直觉的、非逻辑、非概念的整体感悟,但这种对音乐的直接感受却是音乐美感的出发点和基础,是音乐审美之"源"。

(二) 体验

美的本质,在美的对象里。[26]

感受是最直接的,也是非常重要的,但对音乐作品的感受只是一些非常表面化的、不

---

[26] 转引自[德]黑格尔.著.美学(第1卷)[M].朱光潜译.北京:商务印书馆,1979:147.

完整的、即时的激情和印象，对音乐的“直感”还不是“真知”。要认识音乐的发展，理解作品的表现力及其组成要素，了解不同音乐表现手段的作用以及作品的特点、风格等，所有这些都要在亲身体验的基础上形成。实践活动使人因心理的激活而处于丰富的内在体验之中，只有通过音乐实践加深对音乐及其本质和表现要素的体验，才能更进一步领会和掌握音乐。

音乐能够透过声音唤起我们存在心底的印象，视觉的、触觉的，甚至抽象思考的印象。在体验阶段，要充分运用音乐联觉，使音乐全面、深入地诉诸学生的不同感官，通过听、看、动产生感觉的迁移和丰富想象，比较全面整体地感知音乐作品，这一阶段也是对学生音乐感能的培养与深化的过程。

体验越强烈，自我被卷入的程度也越大，音乐感能会变得更加敏锐、更加细腻。儿童喜欢音乐中他已经知道的符合他听觉经验的那些要素，比如，他们喜欢一连听几遍自己喜爱的作品。在体验阶段，要使学生置身于良好的音乐活动情境中，亲身参与，接触、沉浸、品味。体验能够让学生获取“熟悉性知识”，这是提出概念的基础。

（三）理解

理解是将感觉、具体体验转化为更高层次（即“领悟”）的目标行为，被看作是“音乐形象在儿童美学意识中的反映和形成，是对音乐作品的情感体验的过程，是对音乐作品道德美学内容的理解和接受过程”。[27] 在体验、感觉的基础上，学生借助思维、判断进入知觉，理解知识、认知概念，对音乐作综合性、整体性的把握，使音乐形象产生活力。知觉与思维“渗透”越深刻、越充实，对音乐的理解则越丰满、越完善。

理解是体验的“内涵转换”，学生通过符号表征或抽象概括的方式，转化或处理感知到的新信息，获得“归纳性知识”。从体验、感觉到知觉，是不太容易把握的，要避免概念化。学生的音乐知觉也是在他们积极从事的音乐活动中形成的，概念理解和意义认知不能阻碍学生对音乐的激情反应。因此，在理解阶段，在学生获得认知的基础上，还是必须反复不断地倾听音乐和唱、奏音乐，让他们对自身的体验进行反思和观察。

所有概念的意义从其与体验的联系中获得，而概括、反思则作为引导个体实践的驱动力，从而使个体得到行动应用的新启发，并作为积极检验和表达新体验的指导。

---

[27] 转引自［俄］阿利耶夫．著．儿童音乐教学方法［M］．沃罗涅日，1998：14.

(四)表达

所有的表达应当出自内心。

学生不仅要理解并掌握音乐,而且还要表达、表现他们所理解的音乐,实现体验的“内涵转换→外延转换”。表达是在将乐谱符号转换为听觉音响、动觉表演的过程中,通过内在的情感注入,引起深层心理体验,赋予作品以独特的生命力,是充满丰富情态意味的音乐活动。

一个人细微感受音乐的才能与其在音乐中的表现能力之间,有一种极为密切的相互联系,个人审美体验的丰富性与音乐素养的完善,直接影响着音乐表现。但是,表达作品涵义的能力更重要的是取决于表现行为本身是否富有思想。演唱、演奏、表演等音乐表现形式,并非只是准确地表现技能,而是高度个人化的、自主体验的自我表达,必须是有意味的。我们应当努力让学生在触及心灵的状态中去表达,赋予作品个性化的魅力,使之更具有感染力。

(五)创造

真正的音乐学习的价值,在于创造性而不是模仿的才能。

富于个性的、独特的音乐学习才是有生命活力的、具有发展性的。音乐学习并不是简单地重复反映音乐,更需关注的是学生能否具有创造性地、主动地再现音乐。“创造”是体验意义的外延转换,通过行动应用,如即兴表演,激发学生的音乐思维积极活动起来。一方面能够唤起学生的创作激情,对作品进行个性化的独特演绎,使音乐更具活力;另一方面,创造需要学生用音乐语言来表达个人思想,因此,创作的过程也是学生对自身概念理解、意义认知、音乐经验的再检验,能够促进学生对音乐充分而深刻的理解。“儿童音乐思维能力的产生和日后发展的良好条件,是创作实践活动本身。”[28]

“审美带有令人解放的性质”。[29] 这句名言,富于启迪——想象与创造可以获得使人精神焕发的推动力。在音乐学习中,要突出主体的创造性,教师可以为学生创设适合于创作的环境,设计生动有趣的创作内容,或者通过游戏的方式来完成创作活动。总之,重要的是使学生萌生创作的需求。

㉘ [俄]根纳季·齐平.著.音乐活动心理学:理论与实践[M].焦东建,董茉莉译.北京:中央音乐学院出版社,2008:183.

㉙ 同㉖:147.

（六）享受

“夫乐者乐也，人情之所不能免也。”“乐者，所以象德也。”

——《乐记》（第十九篇）

音乐应当使人类的精神爆出火花。㉚

——【德】贝多芬

音乐教育，其根本任务是完成对受教育者美的心灵的内在建构。

审美是对于美的形式的愉悦感受，目的是“从精神产品中获取审美意识的传达”。在体验式学习“感受→体验→理解”这几个层次的学习中，学生侧重于感知、领悟作品的形式美，经过“理解→表达→创造”的“内涵转换→外延转换”，学生进入新一层次的“领悟”，即“享受”——成就一种具有审美意义的精神境界。

音乐审美并非生理的、感官上的满足那么简单，音乐是心理的、精神的产物，要注重审美中精神智慧的重要作用。在艺术中，理性永远高于直觉和情感之上。正如法国作曲家圣-桑（Saint-Saëns）所说：“音乐不是生理满足的工具，音乐是人的精神的最精致的产物之一。人在智慧的深处具有一种独特的隐秘的感觉，借助于它，人能领悟艺术，而音乐就是能迫使这种感觉振动的手段之一。”㉛

通过音乐学习，使学生享受音乐潜移默化的感染和熏陶，提高学生的精神领悟与价值判断能力，“建立起对人类、对自然、对一切美好事物的关爱之情，进而养成对生活的积极乐观态度和美好未来的向往与追求”，㉜这正是学校音乐教育的价值所在。

从动机情感上来说，在“体验式学习”中，学习者往往处于一种全身心投入、身心愉悦的学习状态；从认知的角度看，“体验式学习”是思维不断深化的过程，学习者通过自我反思与调节，从“感受、记忆、理解”的浅层学习向“表达、创造、价值判断”的高阶思维阶段发展；从人际交往的角度来看，学习者在参与、体验的过程中对自己的学习充满信心，而且能够与他人有效沟通合作，共同解决问题。由此看来，“体验式学习”如同“螺旋桨”，以“持久学习力”推动学习者走向“深层学习”，最终通往个人的成长和发展。

㉚ [法]罗曼罗兰．著．名人传—贝多芬[M]．傅雷译．南京：译林出版社，2010：81.

㉛ 转引自何乾三．选编．西方哲学家 文学家 音乐家论音乐[M]．北京：人民音乐出版社，1983：151.

㉜ 中华人民共和国教育部制定．义务教育音乐课程标准（2011 年版）[S]．北京：北京师范大学出版社，2012：8.

第三章　音乐课堂“体验式学习”的模式

课堂是一个交织着多重声音的世界。唯有探究的课堂，才称得上是充满智慧能量的、高格调的课堂。①

学校音乐教育面向普通学生，它的深刻价值在于：通过丰富学生的感觉体验，来丰富他们的生活质量。正如柏拉图在《理想国》中所说：“音乐教育的最终目的是爱美爱善。”

当前学校教育的目标指向“21 世纪型能力”，即“核心素养”。这种能力的培养意味着课堂学习方式的转型：从“知识本位”的“被动学习”转型为“素养本位”的“能动学习”。音乐课堂要实现有意义的“能动学习”，就要让孩子们能够高度参与学习，充分而自主地发现、探索、创造音乐之美，满足其生命与成长的需要。

音乐课堂“体验式学习”模式的建构旨在在课堂转型的改革背景下，探究音乐课堂学习方式，展开能动的学习——与音乐对话、与他人对话、与自我对话，尽可能地丰富每一个学生的探究体验，培养其“美”“善”的品格与爱美爱善的能力。

一、 音乐课堂建构“体验式学习”的意义

每一个孩子都是自然的精灵，是独一无二的个体。他们带着好奇、带着向往来到我们中间，与我们在成长之路相遇。我们该如何为孩子们营造自然、自由的课堂生态，让其充分而自主地学习，满足其生命与成长的需要呢？

课堂中应该存在多种多样的声音，我们要倾听每一个声音，让课堂成为“多声”对话的空间。课堂是探索未知、彼此交流的场所，我们要让孩子们直面问题情境，驱动思考，孜孜不倦探究不明确的、神秘的世界。智慧的能量在自主思考、同伴沟通、亲身体验的经历中积聚、迸发，我们要让孩子们充分地、聚精会神地与同伴协同交流，感受学习带来的乐趣与喜悦。

（一）“音乐课堂”成为“感悟美好的磁场”

基础教育改革的宗旨就是要改变以接受式学习为中心的单一的学习模式。课程标准在“情感·态度·价值观”“过程与方法”这两个体验性目标领域，强调“操作”“实践”“考

① 钟启泉.著.课堂转型[M].上海：华东师范大学出版社，2017：165，183.

察”等活动，明确“经历（感受）”“反映（认同）”“领悟（内化）”的过程。

由此，我们认识到学校音乐教育的目的并不在于音乐知识、技能的承袭，而是表现在对音乐美感的体验与享受，音乐课的价值在于启迪、感染、陶冶、领悟。

“体验式学习”以实践活动为主要方式，以审美历程为教学主线，留给学生充分感悟、品味音乐美的时间和空间，从中获得个性化体验与享受，促进学生审美能力的获得与发展，音乐课堂有望成为“感悟美好的磁场”。

（二）“音乐教师”成为“有思想的行者”

音乐课堂转型，关键并不在于形式与方法的出新，而在于教师是否具有先进的教育理念，也就是看教师能否实现“教学观”的转型。如果能，其思想和理念就必然影响教学形式、教学方法的选择，真正实现“能动学习”。如果不能，形式与方法层面的“创新”就容易滑向“形式把玩”，缺乏情感与文化的厚实基座，没有学生的“能动性”，教学就会流于“单薄”与“虚浮”。

精彩的教学，其视点一定是“学生”，体验式学习的音乐课堂应该是每一个学生精彩表现的天地。因此，教师必须摒弃“接受式学习”中教师主导的听讲教学，深思“如何催生学生自主性与主体性，使其高度参与学习，投入地与他人交流，投入地表现自己”，以“儿童立场”为视点展开教学研究并践行。

（三）“学习主体”成为“自由生长的人”

《基础教育课程纲要》（试行稿）对教学提出了“关注学生的学习兴趣和经验”“满足不同学生的学习需要”“倡导学生主动参与”等要求，其实质为转变学生的学习方式，强调教学要以“体验”为核心，以学生的自由生长与持续发展为根本。

“体验式学习”着力于摆脱“灌输”与单纯的“听讲”，重视“体验、感受、表达”，彰显“探究性、自主性、协同性”，学生在亲身参与演唱、演奏、表演、即兴创编等学习活动中，获得音乐的审美体验，以自己的方式表达情智。“体验式学习”为学生展现自己的个性体验、音乐才能、成长与潜能提供了广阔而自由的空间。

二、音乐课堂建构“体验式学习”的理论依据

（一）布鲁纳“儿童认知发展理论”

美国著名的教育心理学家J. S. 布鲁纳（Jerome Seymour Bruner）是当代认知心理学派

和结构主义教育思想的代表人物。他对于直觉、学习、发现、创造等一系列问题有独到的阐释，给予人们深刻的启迪。布鲁纳提出的“儿童认知发展理论”把儿童认知发展分为三个阶段：“动作式再现表象阶段、映象式再现表象阶段和符号式再现表象阶段。”②儿童学习的一般顺序应该是“动作的→形象的→抽象的”，由于学习是一个复杂的过程，儿童在其智力发展的过程中，会连续不断地使用这三种认知方式。

（二）儿童音乐学习的三个系统

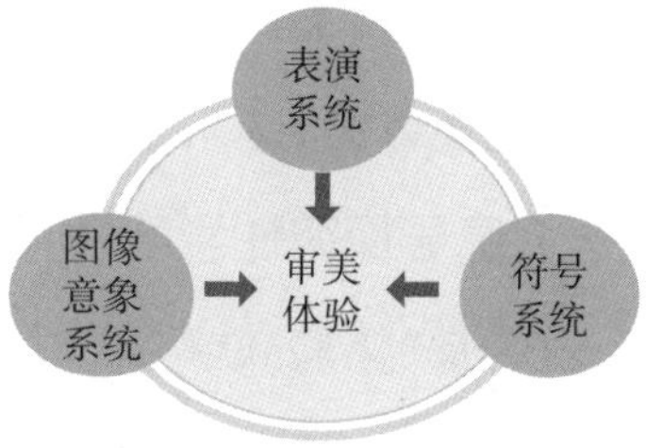

图 3－1　儿童音乐学习的“三个系统”

布鲁纳关于认知发展的理论，为我们提供了一个可以用于音乐教育实践的理论框架，即儿童音乐学习的三个系统。“这三个系统是：表演系统、图像或意象系统以及符号系统”③（图 3－1）。表演系统是指音乐实践活动，图像或意象系统即通过视觉、听觉、触觉、运动觉的相互融合的感觉对声音形式形成意象，这两个都是感性阶段；符号系统是指声音、活动、意象结合在一起，使音乐符号、音乐概念得到理解，使音乐意义得到深化，这是知性阶段。儿童通过全部三个系统对音乐的整体风格、特点、情感产生审美体验。

音乐课堂“体验式学习”强调学生亲身参与实践活动，由身体感知开始，充分调动感官感受音乐，并在体验的基础上借助音乐的思维进入知觉，深入理解和领悟音乐的情感内涵，最终达成内心体悟。其“感性→知性→理性”的音乐审美过程（图 3－2）与儿童音乐学习“三个系统”的理论框架相契合。

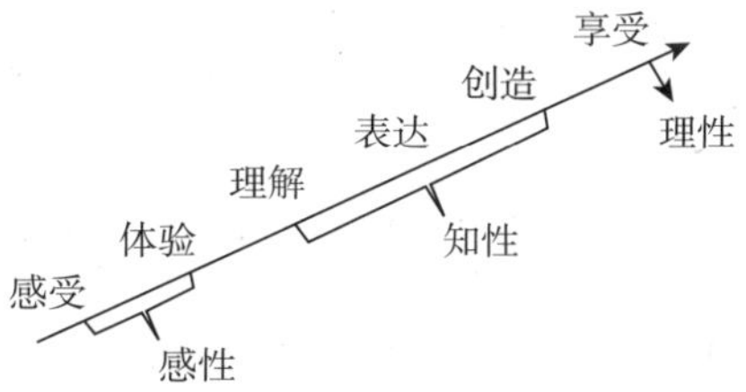

图 3－2　体验式学习的“音乐审美过程”

② 万瑛. 编著. 音乐心理学教程［M］. 重庆：西南师范大学出版社，2014：169.

③ ［美］格雷珍·希尔尼穆斯·比尔. 著. 体验音乐［M］. 杨力译. 北京：人民音乐出版社，2009：44.

三、 音乐课堂“体验式学习”的教学观

美，多少要包含一点偶然。在音乐学习中，只有让孩子们“自主地学”“探究地学”“投入地学”，沉浸其中，才会生发出许许多多的“偶然”，品尝到种种“幸福”。

音乐课堂“体验式学习”以“儿童立场”为视点，让学生经历“真实性学习”，为学生展现自己的个性体验、音乐才能、成长与潜能提供广阔而自由的空间。

（一）倡导探究性学习、协同性学习、自主性学习

音乐课堂“体验式学习”倡导探究、协同、自主的能动学习。在音乐实践活动中，学生借助自身的智慧，师生、生生之间对话协商的多向交互，从而促进学习，建构知识，伴随学生个性成长。

1. 探究性学习

布鲁纳在其著作《教学理论探讨》中指出教育的目的在于激发在知识获得过程中的探索与技能，而非记忆大量知识：“学习是个过程，而非产物。”④音乐课堂“体验式学习”不是“了解、记忆”的简单活动，而是一种由“观察、思考、判断、表达”构成的情境化的探究性学习过程，即便是“知识与技能”也是联系生活经验与音乐经验，通过探究性学习活动，在运用过程中习得的。

如《过新年》（“人音”版二年级演唱曲目）中“X X | X 0 |”这一固定节奏型的学习，教师设计了“摆盒子拍节奏”的游戏活动：首先由教师摆出四个小盒子，学生观察后请一位学生根据摆放的形式拍出节奏“X X | X X |”→教师增加一个盒子，变化摆放形式，再由个别学生拍出节奏“X XX | X X |”→请个别学生摆放盒子，再由同伴来拍一拍（即兴生成）→教师取走两个盒子，留下三个盒子进行摆放，由学生拍出节奏“X X | X 0 |”。在游戏过程中，学生首先要进行观察：盒子是如何摆放的？摆放形式发生了什么变化？之后，将视觉转化为意向予以思考并判断，最后用拍的形式表达出来，如果有误，让学生“再观察”“再思考”，不断予以修正。游戏的过程也正是学生巩固

④ 转引自 S. B. 杰罗姆. 走向教学理论［M］. 波士顿：哈佛大学出版社，贝尔克纳普出版社，1966：72.

运用“X”“<u>XX</u>”“0”这些知识进行探究学习的过程。

在传统的“被动学习”中，教师习惯强制性地将答案灌输给学生，这种“独白式”的教学扼杀了学生的主观能动性，学生少有思考的空间，从而渐渐丧失了主动思考和表现的意向，习惯于“依赖、服从”，缺乏思考的能力。而“体验式学习”指向学生高阶思维的发展，尤其关注学生自身思考与情感的强烈参与，“使儿童在观察种种现象时接连不断地有所发现，仿佛在他面前燃起了思考的火花，从而促使思维过程活跃起来”，⑤因为有了思考的过程，所以“学习”得以真正地发生。探究性学习是学生从“记忆者”转变为“思考者”的真正的学习。在探究性学习中，教师自身亦要转变观念，要敢于抛却“教”衣，不再“背靠黑板”向孩子们强调，而是要成为一名思考者“融入其中”。

2. 协同性学习

“真正的思考，即对现实的思考，不是发生在孤立的象牙塔中，而是只能通过交流才能产生。”⑥“体验式学习”的各项实践活动注重学生的协同学习，在同他者的交往中沟通协商，展开共同活动，发挥“集体的教育力”来建构新的观念。协同性学习主要的学习行为有“倾听”“合作”和“洞察”。所谓“倾听”不是被动地“接受”，而是能动地“听取”——与分享者一起思考并贡献自己的主张；通过“合作”，学生在与他者的交互中互相悦纳、激励，提高自身的内在动机，获得自我调控的能力；“洞察”是指在沟通过程中从他者的经验中得到学习，加深自己的理解，获得新的意义认知。倾听、合作、洞察都需要学生自身参与其中，积极思考，主动探究。

如《摇篮曲》（“人音”版四年级演唱曲目）“六八拍”的节拍感知，就是通过协同性学习探究而得到的。首先请四个学生站成四边形，在音乐中匀速走步，一个乐句结束，一个学生需到达下一个学生的位置，以此类推，看看每一乐句可以走几步（如图 3－3）。学生在走步实践中探索出：每一乐句可以走四步。这一活动使学生初步感知六八拍的强拍和次强拍。之后，在不改变游戏规则的情况下，把四个学生的距离拉远，请学生们继续探索：应该怎样走步才能完成游戏？这个环节，可以由“走步者”进行尝试，也可以

图 3－3

⑤　转引自［苏］苏霍姆林斯基. 著. 给教师的一百条建议［M］. 周蕖，王义高，刘启娴，董友，张德广译. 天津：天津人民出版社，1981：109.

⑥　转引自［巴］保罗·弗莱雷. 著. 被压迫者教育学［M］. 顾建新，赵友华，何曙荣译. 上海：华东师范大学出版社，2001：78.

由“观察者”提出想法并尝试:“把步子迈大一点?”“边走边跳?”“劈叉着走?”课堂中出现不同的声音,每一种可能性都可以通过实践检验其可行度。最终学生发现把“一步分成三步”即可解决问题,六八拍的节拍认知迎刃而解。这个环节的学习充分体现出“体验式学习”的协同性:学生能动地“听取”,思考并分享自己的主张;通过“走步合作”感知节拍拍点,调控对“节拍韵律”的表现能力;在沟通过程中从同伴的经验中得到学习,加深自己对知识的理解。在协同性学习中,学生站在课堂“正中央”,教师作为“他者”——倾听、合作、分享,这样美好的“画面”是我们孜孜以求的。

3. 自主性学习

行为主义心理学家认为,自主学习包括自我监控、自我指导、自我强化三个过程;而认知建构主义学派认为,“自主学习实际上是元认知监控的学习,是学习者根据自己的学习能力、学习任务的要求,积极主动地调整自己的学习策略和努力程度的过程”。[7] 音乐课堂“体验式学习”倡导的“自主性学习”是侧重于学生元认知监控的高品质学习,学生一方面进行音乐感知、音乐记忆、音乐创造等各种认知活动,另一方面要对自己的各种认知活动进行积极的监控和调节,通过“自主性学习”培养学生“元认知能力”,即“学会学习”。

对学生来说,音乐学习中最重要的元认知知识是关于怎样学习、怎样思维的知识,即策略性知识。如怎样区分音的高低、音的长短、音的强弱,怎样辨别不同的节拍,怎样判断和理解各地区民歌的不同风格等。在教学中,教师要创设能帮助学生积累元认知体验的情景,设法让学生体验到不同的学习方法和思维方法的不同效果。在探究过程中,如果学生暂时没有找到正确的方法,教师不要急于告知与纠正,可以让学生先尝试,通过对比的情境让学生实际体验学习方法的优劣、思维层级的高低,那么,他们获取的印象也会更加深刻。学生以元认知知识为基础,受元认知体验的激发和指引,进而对自身的学习进行认知调节,通过自我监控产生新的元认知体验,发展、丰富个体的元认知知识。

在音乐课堂“体验式学习”中,元认知三个方面相互作用,循环往复,最终促进学生“元认知能力”的培养:具有更多的关于音乐学习的思维方法和策略方面的知识,更善于根据学习能力、学习任务的不同而灵活采用相应的策略,更能感悟到运用思维策略的意义。“自主性学习”尊重学生个性化的探究、体验和表达,努力使学生自己去发现,在发现过程中体验到自己的智慧和成就,激发主动性,培养独立性,获得内心的澄明与视界的

---

⑦ 转引自庞维国.论学生的自主学习[J].华东师范大学学报(教育科学版),2001(2):79.

敞亮。

（二）建立平等对话的师生关系

人是借助他者与具身，在人际交往中产生新的意义及其本质的。就是说，“具身不断地同世界共振，同他者共振，在共振中震撼我们的整个存在”。⑧

“当我们处于成长的时刻，就是幸福。”⑨（爱尔兰诗人叶芝）教师的幸福就在于同每一个孩子一起成长的同时，在心中敞开了一个新的世界。

“学习”是一个很“原始”的问题，比教育出现更早，有更深的意义。从苏格拉底的对话思想出发，学习可以理解为与客观世界对话、与他人对话、与自我对话。真正的学习发生在对话与修炼的过程中，通过与他者的合作，与多样化思维的碰撞，产生并雕琢自己的思想。从这个意义上来说，音乐课堂“体验式学习”就是学生与音乐对话、与他人对话、与自我对话的“多声交响”，它意味着课堂中每一个人共同参与、共同分享，构筑成“学习共同体”，师生之间、生生之间是一种充满信赖感的沟通关系，即“平等对话”，课堂是可以敞开心胸的、温暖的地方。

思考是从对话中产生的，它将每一个人的体验与经验引导出来，激活认知冲突，展开集体思维。要实现每一个学生的“参与和对话”，需把握好三个方面。

1. 参与状态

教师要尽量为情绪和思考创造空间，教师自身热情饱满的情绪状态尤为重要，能够激发、保障学生对学习活动积极的投入状态，包括行为投入、情感投入、认知投入，形成亲身参与、相互学习的伙伴关系，以积极的态度和情绪体验促进个体产生更好的学习效果。

2. 学会倾听

平等对话的课堂是相互倾听、共同求索未知问题的探究的世界。倾听他人的声音是学习的出发点，学生之间彼此尊重，倾听同伴的见解，省思自己的主张，越会倾听的学生越善于学习。同时，教师要能够倾听每一个学生的声音，尤其是倾听“不懂得的学生”的烦恼和困惑。师生之间、生生之间形成相互倾听的关系，保障课堂“多声”对话的开展。

3. 应答沟通

平等对话的课堂交织着多重声音，伴随着复杂性与不确定性，是一个“动态的生命

---

⑧ 转引自［日］佐藤公治. 著. 学习与教育的世界［M］. 京都：爱理出版，2013：226.

⑨ 转引自［日］秋田喜代美. 著. 学习心理学：教学的设计［M］. 东京：左右社，2012：239.

体”。课堂的“动态生成”本质上就是学生不断地思考并表现自己,超越自我。至于将会成为怎样一种表现,参与主体之间相互的应答沟通是极其重要的影响因素。学生在分享自身的经验、表达自己的主张、表现自己的才能之际,总会怀着某种焦虑和期待,非常在意来自老师和同学的反应。教师要时刻关照学生的表现并不断发现学生“成长的萌芽”,引导学生相互悦纳,给予肯定性的评价,用真实的、真诚的应答沟通来激发并引领学生发现“更好的自己”。

4. 尊重差异

差异是学习的原动力,个性化的想法与表达使课堂的生命力变得丰满。我们面对的学生都是独一无二的,每一个学生的兴趣、阅历、知识与经验都各有不同,在平等对话的课堂中教师要关注并尊重学生差异,创造并保持安全、关爱、有序的学习环境,保障源于差异的多样化探究,使学生与不同思路、不同见解相遇,在对话中随着话语的蔓延,对学习获得更深入的理解,共同推进彼此的成功。

在基于“平等对话”的音乐课堂,“体验式学习”使学生在多重的、优质的“相遇和对话”中得到改变与成长。“平等对话”使每一个人感受到学习本身带来的乐趣和喜悦,享受到成长的幸福。

(三)培育“真实性学力”

素养本位的“能动学习”指向学生“真实性学力”的培育,“真实性学力”涵盖三个要素:“其一,基本的知识与技能的习得;其二,旨在解决问题的思考力、判断力、表达力的能力培育;其三,主动学习的态度,即‘内在学习动机’的培育”。[10] 可以看出,能动学习的目标从“知识获取”向“能力发展”转变。

音乐课堂“体验式学习”所要培育的“真实性学力”是什么呢?我们从音乐的课程目标、音乐的基本素养、音乐教学的核心等角度来思考,提出音乐学习“真实性学力”的三个要素:知识、能力、品格。

1. 知识

学习并掌握必要的音乐基础知识和基本技能。[11] “音乐的音响材料、创作过程和表演形式具有特殊性,这些艺术特征决定了音乐聆听、表演和创作教学,必然含有特定的知识

---

⑩ 钟启泉.著.课堂转型[M].上海:华东师范大学出版社,2017:1—2.

⑪ 中华人民共和国教育部制定.义务教育音乐课程标准(2011年版)[S].北京:北京师范大学出版社,2012:8.

和技能要求。”“音乐知识、技能的学习和所应达到的标准，是发展学生审美体验、艺术表达和文化认知的基础，其本身就是学生音乐素养的组成部分。”⑫

2. 能力

培育学生的审美能力、思维能力和交往能力。音乐教学的核心是审美体验，学生通过音乐课程学习和参与丰富多样的艺术实践活动，探究、发现、领略音乐的艺术魅力，“拓展文化视野，发展音乐听觉与欣赏能力、表现能力和创造能力”，⑬养成良好的审美情趣。音乐课堂“体验式学习”是思维不断深化的过程，通过体验活动的逐层推进，促进学生“表达、创造、价值判断”等高阶思维的发展。“体验式学习”基于“平等对话”的师生关系，倡导“探究性学习”“协同性学习”，致力于学生“沟通、分享、合作、应答”等交往能力的培养，掌握应对复杂问题、解决问题的策略。

3. 品格

涵养“美善”的品格与健康的身心。音乐艺术以精神陶冶为最高目的。“音乐学习可以丰富学生的情感体验，使其情感世界受到潜移默化的感染和熏陶，建立起对人类、对自然、对一切美好事物的关爱之情，进而养成对生活的积极乐观态度和对美好未来的向往和追求。”⑭音乐课堂“体验式学习”以“以美育人”“立德树人”的教育思想为指导，通过音乐学习让学生在真善美的艺术世界里受到高尚情操的陶冶，在互相尊重、共同合作的音乐实践活动中涵养性情，和谐身心，成为热爱音乐、热爱生活的美好的人。

四、音乐课堂“体验式学习”模式的建构

笔者受布鲁纳“儿童认知发展理论”启发，以儿童音乐学习的三个系统为理论依据，以音乐课堂“体验式学习”的教学观为指导，结合“体验式学习”课堂教学的实践与研究，从学习过程、参与方式和感性体验的层次来考虑，提出“音乐课堂体验式学习模式”的“三·三”建构框架（图 3－4）。

---

⑫ 同⑪:6—7.
⑬ 同⑪:8.
⑭ 同⑪:8.

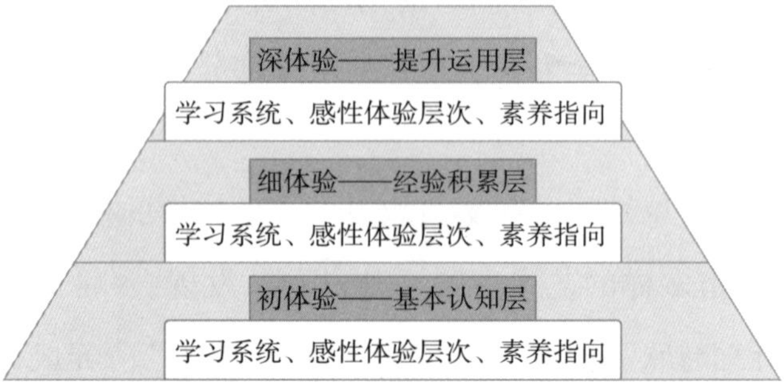

图3－4　音乐课堂“体验式学习”“三·三”建构框架

“三·三”即“三层级”“三维度”:“三层级”指初体验——基本认知层、细体验——经验积累层、深体验——提升运用层;“三维度”指学习系统、感性体验层次、素养指向。该框架遵循“由表及里”“由浅入深”“局部到整体”的认知规律,以学生的经验获得程度为标准逐层推进,每一个层级运用不同的学习系统,感性体验层次不同,素养指向也有相应差别。

(一)初体验——基本认知层

“基本认知层”是“体验式学习”的第一个层级和基础,是学生进入“感性体验”的起点。在这一层级的学习中,学生主要参与聆听音乐、观看视频、欣赏音画、动作表演等活动,调动“看、听、动”等感官,以感性体验的表层方式——“感官的感知、感受”获取感性的“初体验”,从感知层面领略作品的风格、情绪、曲调特点、民俗风情等(图3－5)。

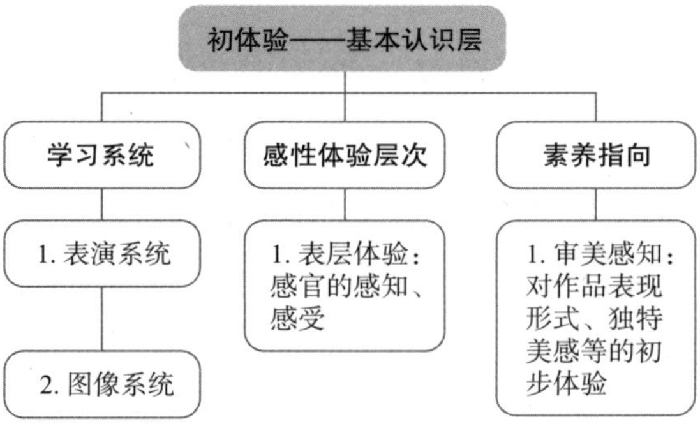

图3－5　“初体验——基本认知层”三维度构成图

“这节课学什么?”这是新课开始学生的普遍心理,学生对学习内容、学习活动充满好奇与期待。“对作品有一种朦胧的感觉并产生进一步探究的愿望”——这是初体验阶段非常重要的任务。“儿童的天性明显地要求直观性”，[15]“知识的开端永远必须来自感官……在尽可能的范围之内，一切事物都应该尽量地放到感官跟前”。[16] 因此，要让学生亲身参与实践活动，予以感官刺激，尽可能地让学生能够感受到作品的独特美感，伴随积极情绪的产生唤起学生的审美意识。

这一阶段的学习，教师要充分考虑音像材料选择、实践活动设计及学生音乐能力背景。

1. 音像材料选择

人的听觉感知力会由于所处的文化环境的影响而产生较明显的差异，这种感觉的差异是在长期的听觉实践中形成的。在“初体验”学习阶段，一定要选择音质好、清晰的、富有感染力的“好的音乐”（包括音频和视频），不仅从听觉、视觉上给学生以美感，更能够给学生丰富的音乐经验和最好的情感体验与心灵享受。日积月累，学生对“好的音乐”的听觉敏感度会逐步提高。人的音乐听觉心理中的判断，会带有更多的主动选择的色彩，长期的“好的音乐”的浸染对培养学生的“审美品质”会产生潜移默化的影响。

在课的导入环节，我们还可以选用与所学作品联系紧密的音乐补充到教学中，给学生多重感受，丰富体验，使学生对学习内容获得比较全面的感知。如蒙古族民歌《草原上》（“人音”版三年级演唱曲目）一课导入部分，教师选用了《挤奶舞》这一作品，其意图有二：一是作品具有蒙古族短调音乐的特点，节奏规整、结构简单，富有舞蹈性，能让学生对短调音乐有初步感受；二是在情绪上和学唱歌曲《草原上》形成对比，《草原上》抒情优美，《挤奶舞》活泼欢快，给学生不同的情绪体验。在藏族民歌《我的家在日喀则》（“人音”版二年级演唱曲目）一课“观看日喀则风光，介绍日喀则”环节，教师选用韩红演唱的《家乡》为背景音乐，朴素真挚的歌词伴随舒展悠远的曲调娓娓道来，营造身临其境之感。

2. 实践活动设计

根据学习系统与感受途径的相关性，设计恰当的实践活动满足学生参与体验。表演系统、图像系统与动觉、视觉、听觉相关联。因此，教师可以让学生在参与“聆听音乐、观看视频、欣赏音画、动作表演”等活动中获取音乐的初体验。

以动作表演为例，“进教室律动”就是常用的一种活动形式。如《咏鹅》（“人音”版一年级演唱曲目）：采用“走步拍腿、走步拍肩”的律动表演让学生感知二拍子节拍感，并在

---

⑮ 转引自［苏］乌申斯基.《祖国的语言》教学指南［A］//张焕庭. 主编. 西方资产阶级教育论著选［C］北京：人民教育出版社，1979：497.

⑯ 转引自［捷］夸美纽斯. 著. 大教学论［M］. 傅任敢译. 北京：人民教育出版社，1984：156.

步态中感受悠然、轻松的情绪。又如《杨柳青》（“人音”版四年级演唱曲目）：学生随着歌曲伴奏音乐，双手交替摆动手腕，踩着小小的步子，一拍一步地走，很自然就体味到了轻盈欢快的感觉；随后，运用拍手掌、拍小臂的动作表演，加上身体微微的前后摇摆，感受歌曲委婉而又俏皮的情趣，感知扬州小调独特的韵味之美。

有些离学生“距离较远”的作品，可以在初体验阶段通过多次律动表演来获得基本认知，让学生通过一次次有变化的表演渐渐地沉浸到音乐中去。

例如，歌曲《西风的话》（“人音”版四年级演唱曲目）优美的曲调是非常打动人心的，其“起伏流畅、疏密有致、轻柔绵长”的音韵美让人产生美好的意境想象。教师在初体验阶段设计了四次律动表演，给予学生充分的感官体验，让学生浸润于音乐，感受“西风”独特之美。具体设计如下（以一个乐句的动作为例，全曲四个乐句重复动作）。

	律动表演	体验内容
律动 1	一拍一步行进，双手慢慢上举（第 1 小节）；停步，双臂先向上推再稍稍落下（第 2 小节）；一拍一步行进，双手从身体两旁缓缓落下（第 3、4 小节）。	初入意境，体验曲调的优美舒展。
律动 2	右手单摆臂三次：第 1、2 小节每小节各一次，第 3、4 两小节一次，要求每一次动作连贯舒缓。	体验曲调的连贯性。
律动 3	右手手持纱巾单摆臂（动作同上）。	体验曲调的轻柔感。
律动 4	聆听琴声，放松地、自由地摇摆身体。	体验并想象美好意境。

在歌唱课的“初体验”阶段，可以设计一些趣味练唱的活动，在轻松愉悦的氛围中，激发学生的参与热情和学习兴趣，唤醒学生听觉、动觉、视觉各个感官，使歌唱技能的学习摆脱枯燥，充满趣味。如《摇篮曲》（“人音”版四年级演唱曲目）一课，教师提取乐曲强拍和次强拍主干音作为练唱内容，设计练唱活动：师生接唱（四个音为一组，边唱边摆动身体，双手拍腿拍肩交替动作，感受韵律）→交换接唱（科尔文手势辅助巩固音准）→学生完整演唱→学生演唱主干音，教师演唱歌曲旋律（初步感知二声部）。这种多感官参与的趣味练唱活动让学生能够愉悦而轻松地感受并掌握歌曲的节拍韵律、旋律走向、音准、情绪等等。

3. 关注学生音乐能力背景

“初体验”阶段要依据学生不同的基础明确学习的起点，实施相应的教学。如《场景音乐》（“人音”版九年级欣赏曲目）开始环节，教师作如下设计：

（1）听辨和弦并演唱，体会暗淡的色彩。

① 教师分别弹奏自然小调与自然大调的主和弦，学生听辨哪个和弦更暗淡一些。

② 学生随琴声演唱“6̣ 1 3”。

（2）逐步增加音符并演唱，引出《场景音乐》的主导动机。

① 听唱 $\frac{4}{4}$ 6̣7̣ 12 3 – ‖

② 听唱 $\frac{4}{4}$ 6̣ 7̣ 1 2 | 3. 1 3. 1 | 3 – ‖

③ 听唱 $\frac{4}{4}$ 3 – 6̣7̣ 12 | 3. 1 3. 1 | 3 – ‖

（3）听唱“天鹅主题”旋律。

此例“听辨和弦，感知色彩→导入乐思，引出动机→听唱‘天鹅主题’旋律”的设计是基于九年级学生“能够感知调式、和声等音乐表现要素”“能够跟随琴声视唱乐谱”“具备识谱能力，能够比较顺畅地识读乐谱”的能力背景而展开的。

（二）细体验——经验积累层

“经验积累层”以“基本认知层”为基础，在“兴趣”与“探究欲”的引发下，通过表演系统、图像或意象系统及符号系统的学习，细致体验作品的表现要素、表现手段等。伴随学生对音乐作品感官感受的不断增加，在感觉的基础上借助于音乐的思维进入知觉，其对音乐的感悟、理解和把握也更加具体和真切，并通过多种形式的实践活动表达作品美感和情感内涵（图 3－6）。

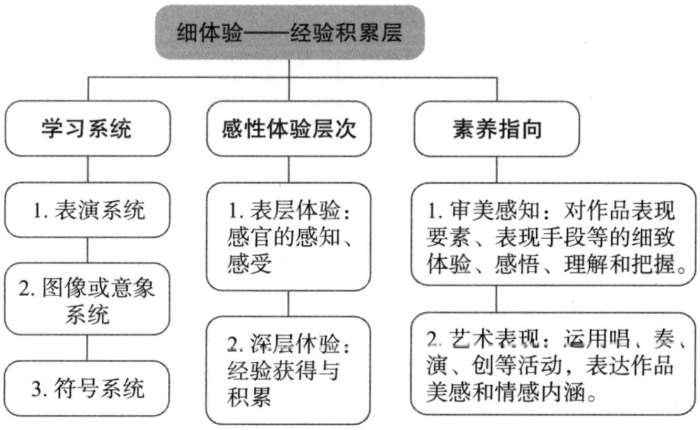

图 3－6 “细体验——经验积累层”三维度构成图

在“细体验”阶段的学习中，教师要关注以下两个要点。

1. 把握“感性→知性→理性”的审美过程

“细体验”阶段，对作品表现要素、表现手段的体验、感悟，包括对作品中相关知识的理解和把握，都应该遵循儿童的认知规律，要把握好“感性→知性→理性”的审美过程。“孩子们从实践操作中获得音乐想象能力以后，再开始学习如何用符号来表示音乐以及用语言来谈论音乐，这样安排才会有意义。”⑰

如《放牛山歌》（“人音”版三年级演唱曲目）一课的知识点“X　–”的学习，教师以“小牧童山坡放牛”的生活情景设计律动表演，充分运用儿童音乐学习的三个系统来展开有层次的学习。

学习系统	师生活动		审美感知
表演系统	生活情景	律动表演	
	小牧童在山坡上行走。	学生随伴奏音乐在自由空间恒拍走步。	体验愉悦的情绪，感知二拍子。
	小牧童在山坡上行走，驻足望远方。	学生随伴奏音乐自由空间恒拍走步，听到长音停步。	专注聆听，捕捉长音（二分音符）。
	小牧童牵着牛在山坡上休息。	学生随伴奏音乐在原地一拍颤一下膝，长音处原地踏步。	感知二分音符时值。
图像或意象系统	1. 师生交流二分音符的时值。（长音的地方走了几步？） 2. 出示曲谱，师生接唱，学生演唱二分音符的各音。		识谱辨形、演唱悟声：进一步感知与理解二分音符。
符号系统	请个别学生尝试写出二分音符的形状“X　–”。		认知符号，明确概念。

2. 把握并达成“表层体验→深层体验”

对音乐的联觉感知与情绪体验是人的本能，音乐教学不能停留在本能的层面，要进一步引导学生进入音乐的深层体验。把握并达成“表层体验→深层体验”是“细体验”阶段教师需关注的又一要点。

下面以《图画展览会》之《牛车》（“人音”版八年级欣赏曲目）赏析为例，阐述体验的层次推进。

（1）美感体验，指学生通过聆听体验作品的“材料”“形式组织”等，从感官上获得对美与丑的直接感觉。

《牛车》教学活动1：出示四幅图，播放《牛车》，学生聆听并选择画面→请个别学生说

⑰ ［德］梅西尔德·福克斯.著.德国当代音乐教学法——梅西尔德·福克斯教学实例［M］.顾家慰译.上海：上海音乐学院出版社，2019：12.

说选择的理由→出示曲名。在这一活动中，学生对作品的色彩与基调的感知（暗沉之美）是凭借直觉获得的。要获得比形式表面更加丰富的美感判断，需要进一步主动而深入的体验。

（2）形象认知，是对音乐基本形象的认知，以联觉方式把握音响的基本要素与其组织。学生在形象认知层所获得的是通过音乐而概括出的事物特点。

《牛车》教学活动 2：视唱主题（体会音乐要素：速度、音区、音色）→完整欣赏《牛车》（定音鼓出现时举手示意）→交流：力度是怎样变化的？你想象到怎样的视觉画面？→介绍《牛车》风俗画。在这一活动过程中，学生对形象的认知——牛车“老旧”“载物又重又多”“行驶较慢”，赶车人“年迈”“步履缓慢”“愁苦”，是通过对音高（低音区）、音色（低沉、暗淡）、速度（缓慢）、力度（渐强、渐弱）等要素的体验，以联觉的方式而获得的。形象认知层的学习对学生积累音乐经验，即音乐要素的认知是非常重要的一个过程。

（三）深体验——提升运用层

通过“经验积累层”各个系统的学习，学生运用联觉的心理来感知、理解音乐形象并进行个性化的表达。而后，在“提升运用层”通过讨论、评价、创作等综合性活动对对象产生综合认知与联想，逐渐明确其意义，对音乐的形式、精神价值等进行意义化的判断，这一阶段对于发展学生音乐审美思维具有重要的意义（图 3－7）。

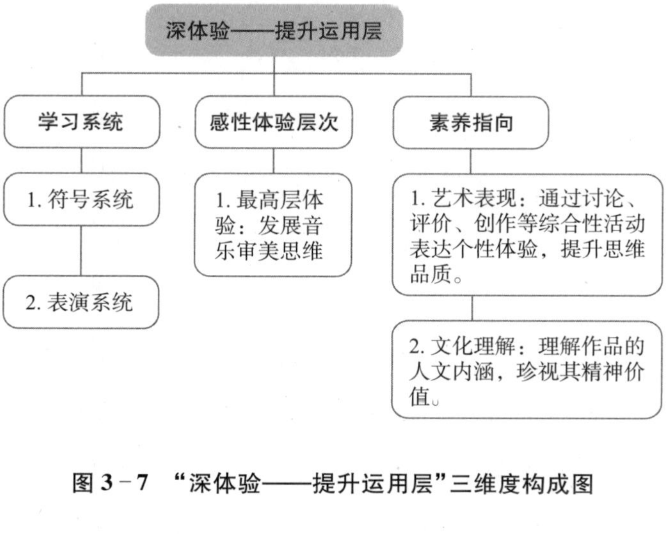

图 3－7　“深体验——提升运用层”三维度构成图

如上例《牛车》赏析，在“形象认知”的基础上进一步推进至“意义认知”。

《牛车》教学活动 3：交流“赶车人内心是怎样一种情感？伤感之情表现在音乐哪里？”

→再次完整聆听《牛车》。通过这一过程，从赶车人“形象”（愁苦劳作）联想其“情感”（伤感悲哀），再由“情感”对作品做出审美判断（暗淡、小调），这当中包括对人物内心思想、情感以及当时社会生活等方面的深刻体悟。

音乐学习“深体验”阶段，学生对作品人文内涵与精神价值的领悟、在艺术表现中的个性体验与自主表达是教师在教学中要着重予以关注的。

如《场景音乐》的欣赏，要让学生理解“音乐是舞剧之魂”，不能只停留在音乐及表现要素的感知，应从乐、舞、剧及作品价值几方面综合、细致地赏析。教师设计了三个板块的学习：第一板块“乐”的赏析，第二板块“剧、舞、乐”的综合赏析，第三板块“拓展赏析并分享感悟”。其中，第三板块“深体验”学习的具体过程如下。

- 拓展赏析——舞剧《天鹅湖》古典与民族的融合

师：除了《场景音乐》，在舞剧《天鹅湖》中，还有许多精彩的镜头。我们一起分享两个片段，其音乐同样流芳百世。

1. 欣赏舞剧视频片段一《四小天鹅舞》：关注舞步，了解芭蕾。

2. 欣赏舞剧视频片段二《西班牙舞曲/匈牙利舞曲/那不勒斯舞曲》：关注舞蹈与服饰，感受民族韵味。

3. 师生交流：《天鹅湖》中古典与民族的碰撞，再一次稳固了其在世界舞剧史上的不朽地位。

- 分享感悟——舞剧《天鹅湖》的音乐价值及人文精神

1. 学生分享。

师：《天鹅湖》给你留下深刻印象的是什么？

生1：黑暗势力侵入时，音乐和舞蹈对我的冲击力。

生2：舞蹈家的舞步比较有特点。

生3：我比较欣赏天鹅公主那种永不服输的抗争精神，为最后完美的结局而感到高兴。（师：是的，“正义终将战胜邪恶”，这正是《天鹅湖》所传达的坚定信念。）

生4：……

2. 分享著名乐评人（国家大剧院特邀顾问、上海大剧院原艺术总监钱世锦）对《天鹅湖》音乐性的评价：《天鹅湖》的成功标志着世界第一流的作曲家在舞剧音乐领域中，第一次创作了一部可与歌剧、交响乐经典作品相媲美的作品，把舞剧音乐的水平提高到了可与歌剧、交响乐并驾齐驱的地位。

3. 教师感悟：正如柴科夫斯基曾说的“音乐是上天给人类最好的礼物”。它不仅给我们感官上的享受，更有精神上的鼓舞。黑暗势力最终被正义势力所击败，柴科夫斯基正是将这美好的思想融入他的音乐中。

在“作品价值与人文精神”的探讨中，让学生充分表达自己的体验与领悟，努力提升其深刻性、广阔性、独立性等思维品质。通过“深体验”学习，让学生理解《场景音乐》不只是音乐，它是文化整合的存在，是美好思想与精神的表达。一首作品留给学生的是丰富的、立体的、充实的体验，学生领略音乐之美的视野是开阔的。

第四章　音乐课堂“体验式学习”的实践

音乐环境越丰富，刺激点越多，孩子们的音乐能力发展得就越扎实。[①]

通过音乐实践能加深对音乐及其本质和一切要素的体验，从而才谈得上对它的全面掌握，使之化为己有，逐步化为自己的习惯和本能，这样对音乐的领会和掌握才最有生命。[②]

音乐声响起，你是否观察过孩子们的表情，他们的嘴角有没有小花朵？他们的眼里有没有小星星？音乐声响起，你是否留意到孩子们的体态，是柔软、灵动、舒展、自然的呢？还是拘谨、木然、呆板的？孩子们对美感的体验与表达仅仅依靠听觉感官是不够的，教师要找到唤醒孩子们感觉机能的手段，要深思如何让音乐学习变得**“有趣”**。

在孩子们的歌声中，对于那些“无限小的中心”，你是十分在意，还是将就一下？你是否清晰地听到孩子们的声音，你有没有让他们真正聆听到“自己的歌声”，被美好的声音打动心灵？在音乐学习中，你是否让孩子们“真正地经历学习”。孩子有错误时，你有没有让他或她多试几次；表演的时候，你是“不放心”地一遍遍带领，还是放手让他们自己在聆听中寻找、捕捉，真正地感知、掌握？当教师在课堂中让孩子们一次次经历“真实性学习”时，**“有效”**的音乐学习就会越走越近，“真实性学力”才能实实在在得以培养。

作曲家与指挥家马勒说过：“音乐中，最重要的并不在音符里。”[③]从美感体验到形象认知，从意义认知到审美判断，对作品的审美不仅要认识作品，更要认识作品背后的文化。**“有意味”**的音乐学习需要教师自身拥有深厚的人文素养。

“有趣有效有意味”——这是“体验式学习”追求的充满生命活力的音乐课堂。

一、 音乐课堂“体验式学习”的操作要点：FTI

音乐教学如何达到“有趣有效有意味”的理想状态并得以充分体现？我们可以通过“FTI”这个缩写来探究“体验式学习”课堂实践的操作要点。

① ［德］梅西尔德·福克斯．著．德国当代音乐教学法——梅西尔德·福克斯教学实例．［M］．顾家慰译．上海：上海音乐学院出版社，2019：35.

② 廖乃雄．著．音乐教学法［M］．北京：中央音乐学院出版社，2005：23.

③ 焦元溥．著．乐之本事［M］．桂林：广西师范大学出版社，2015：17.

（一）F——关注（Focus）

音乐课堂"体验式学习"强调音乐的本体性和学生的主体性。"关注音乐""关注学生"是教学中要始终坚持的思想。那么，关注音乐的哪些方面？关注学生的什么呢？

以音乐为本需关注的是：

1. 音乐的整体感知；
2. 音乐的要素体验；
3. 音乐的行为方式；
4. 音乐的情感表达；
5. 音乐的文化语境和人文内涵。

以学生为主需关注的是：

1. 注重学生的兴趣与自发性；
2. 遵循学生的认知规律；
3. 依据学生的身心发展特点和审美心理发展特征；
4. 尊重学生的心灵。

（二）T——深入（Thorough）

课堂中有些体验显得草率而肤浅，究其原因，在于教师对作品的把握缺乏深度。教师对作品的感悟程度决定了"能把孩子们带到哪里"。因此，教师能否真正把注意力集中到音乐作品上，是否具有"深入"的品质，准确而深刻地解读作品，对"体验式学习"的实施有非常重要的影响。

"深入"的品质具体表现为：

1. 对音乐作品真正关注的热情；
2. 沉浸于音乐中，具有强烈的、深刻的、富有思想的听觉印象；
3. 了解使作品具有独特表现力的特质；
4. 捕捉有意义的音乐细节（音乐特质、音乐要素）的能力。

音乐是伴随着人类文化行为的实践活动，是文化的重要组成部分。俄罗斯著名作曲家斯克里亚宾曾经说过："音乐因为有思想才具有生命力。"随着孩子们积累的经验越来越多，音乐能力不断增长，他们应该获得更多机会接触与"文化理解"相关的主题。因此，对音乐作品的解读要在感悟"音乐性"的基础上进一步从"人文角度"深入挖掘其文化内涵。

1. 了解不同民族的心理气质及其审美意识对音乐风格的影响；

2. 深入到不同文化、不同民族的音乐文化深层心理结构中去；

3. 分析不同的音乐形态美的存在方式和结构方式；

4. 理解作品的情感与精神实质。

（三）I——整合（Integration）

音乐课堂“体验式学习”强调“表达、创造、判断”等高阶思维能力的培养，提倡学生“多感官”参与音乐实践活动，注重“真实性学力”的培养，以“整合”的视点展开教学。

“整合”具体体现在以下几个方面：

1. 教学内容的整合。“体验式学习”的音乐课堂更具开放性，教师对学习内容可以有更多的选择，从序列性和整体感知的视角出发，联系和融合学生的生活体验与音乐经验，恰当地对教学内容进行取舍、补充、重组、延伸，并且可以通过具体的音乐材料构建起音乐不同教学领域之间的综合、音乐与其他艺术门类及其他学科的有机联系。

2. 教学目标的整合。重视教学目标的设计，应体现三个维度的整合及有机联系，把握情感、态度与价值观的正确导向，注重过程与方法的教学体现，明确知识与技能的目标达成。教学中所采用的教学形式、教学方法与手段都应紧密围绕教学目标。

3. 接受途径的整合。“体验式学习”强调“多感官参与”，“听觉、视觉、动觉、感觉、知觉”这五种“觉”对学生的音乐学习缺一不可，在教学中，要注重音乐的接受途径的整合。教师要合理有效地调动一切感知手段引导学生参与音乐实践活动，使学生调动感官充分地感受音乐，通过“感性→知性→理性”的审美历程，达成深层次的审美体验。

4. 教学手段的整合。现代教育技术和国外先进教学方法扩展了音乐教学的容量，为音乐课堂“体验式学习”的实践提供了丰富多样的教学手段和教学资源。在实际教学过程中，教学手段具有灵活多样性，教师应合理利用现代教育技术和国外先进教学方法“视听结合、直观形象、联觉通感”等优点，恰当选择，有机结合，强调多种手段的综合运用，有效促进学生积极参与音乐实践活动。

二、音乐课堂“体验式学习”的实践策略

音乐教师该如何依据“体验式学习”课堂实践的操作要点来组织与开展“有趣有效有

意味”的音乐学习？通过对教学目标、教学内容、教学途径与方式、教学手段等诸多因素的探讨，笔者总结出以下音乐课堂“体验式学习”的实践策略。

（一）相辅相成——目标定位要准确

为何要强调三维目标的有机整合？为什么把“情感·态度·价值观”放在三维目标的首位？怎样理解“过程与方法”目标？如何看待“知识与技能”目标？如何体现三维目标的整合与有机联系？

“教学目标是教学的起点和归宿”，“教学目标对教学活动具有导向、激励、评价、调控的作用，是教学的关键组成部分”。[④] 传统的“知识本位”的教学过于强调认知性目标而忽略了情意因素，注重结果而轻视过程与方法。基础教育课程改革建立在对传统“知识本位”批判与反思的基础上，突出对人的生命存在及发展的整体关怀，课程目标由单一的认知性目标转向“情感·态度·价值观”“过程与方法”“知识与技能”三维目标的有机整合。“改变课程过于注重知识传授的倾向，强调形成积极主动的学习态度，使获得基础知识与基本技能的过程同时成为学会学习和形成正确价值观的过程。”[⑤]

1. 正确理解三维目标的相辅相成

音乐课堂“体验式学习”要重视教学目标的相辅相成，对目标的价值与定位要有清晰的认识。其一，应明确情意因素是目标中重要的价值取向，把“情感·态度·价值观”放在目标的首位，音乐教学的效应不仅在于音乐知识和技能的习得，更体现在熏陶、感染、净化、领悟等情感层面，以情感人，以美育人。其二，重视过程，强调方法，尊重学生的学习经历和内在需要，引导学生在“体验、模仿、探究、合作、综合”的学习过程中，融合自身经历、感受、见解，在自我解读、亲身操作、自主思考的过程中“会学音乐”。其三，知识与技能是学生整体素质中音乐文化素质的需要，是学生进一步学习音乐的基础。要把知识与技能的学习放在整体音乐实践中进行，将其视为音乐表现活动的一个环节和组成部分。

2. 三维目标的整合及有机联系的教学体现

教学目标的准确定位体现为“把握情感·态度·价值观的正确导向”“注重过程与方法的教学体现”“明确知识与技能的目标达成”，注重三个维度的整合及有机联系。同时，

---

④ 曹理，何工．著．音乐学习与教学心理[M]．上海：上海音乐出版社，2000：303，315.

⑤ 教育部基础教育课程教材专家工作委员会．编．义务教育音乐课程标准（2011 年版）解读[M]．北京：北京师范大学出版社，2012：98.

要使采用的教学形式、教学方法与手段都能紧密围绕教学目标。下面以《草原上》（“人音”版三年级演唱曲目）课例的教学目标设计来予以阐明。

（1）《草原上》教学目标

① 能用甜美的声音、愉悦舒畅的情绪、连贯的气息演唱歌曲《草原上》，用歌声表现美丽的草原风光，抒发牧民对家乡的热爱和赞美的情感。（涵盖“情感·态度·价值观”目标、“知识与技能”目标）

② 认真聆听、辨别两个乐句旋律的异同并运用视唱、模唱等方法学会演唱；运用身体打击乐、律动表演、乐器伴奏等方式感知和表现歌曲的节拍韵律、节奏特点以及歌曲描绘的意境。（涵盖“过程与方法”目标、“知识与技能”目标）

③ 唱准“**3　5　6**”三音的音高；唱准五度、七度等跳进音程和长时值音的气息保持；认识二分音符，能准确掌握二分音符的时值。（“知识与技能”目标）

上述教学目标设计较好地体现了三个维度的整合与有机联系。那么，在教学中，具体该设计、运用怎样的形式与方法来促成目标的达成呢？下面以“感知节奏特点”这一环节的教学来予以说明。

（2）《草原上》“感知节奏特点”教学

① 教师念节奏：X　X　X　－ | X　X　X　－ | X　X　X　X | X　－　－　－ |，学生听出节奏的长短。

② 教师念节奏，学生听到长时值的节奏时举手。

③ 学生即兴用动作表示长时值节奏“X　－”和“X　－　－　－”。

④ 教师出示曲谱，学生轻声读节奏。

⑤ 学生认识二分音符的形状“X　－”，读一读，拍一拍。

⑥ 学生在身体的不同部位拍一拍节奏“X”。

⑦ 学生随伴奏音乐用身体打击乐拍出歌曲节奏，想象“看到的景象”。

“感知节奏特点”教学围绕《草原上》教学目标第二点来展开：学生参与“聆听、动作表演、读读拍拍”的实践活动，经历“探究、模仿、体验”（过程与方法），展开自主想象，达成“获得愉悦舒畅的情绪体验”（情感目标），“听辨出节奏长短，能用动作表示，随伴奏音乐表演并感受歌曲节奏特点”（知识与技能目标）。

教学目标的准确定位还要考虑到学生差异的因素。学生的知识基础、学习动机、学习能力、学习风格、潜在优势都是不同的,他们之间客观存在的差异对于教学的有效性来说,具有非常重要的意义。所以,在教学中教师要关注教学目标的确定是否是根据学生的具体情况而定的。即使是同一个年段、同一个班的学生,在音乐能力、音乐兴趣、音乐潜能等方面也是存在差异的,教师要考虑每一个学生的学习基础和状态,准确定位目标,为所有孩子提供发展的机会。

(二)恰当组合——内容安排要得当

音乐教学以什么音乐作为学生的“音乐主粮”?面对丰富的“教学资源”该如何选择与组合?教材中民族音乐的教学内容有限,该怎样把握民族音乐文化感知体验的广度和深度?如何理解与掌握音乐教学各领域的内容要求及其相互联系?

生命离不开营养,吸取什么营养对人的成长起着关键作用。音乐教学的“营养”来源于教学内容,好的音乐作品能够在一个人的生活甚至生命中时时被唤起,成为滋养精神与心灵的“食粮”。

音乐是最具有民族性,同时也具有世界性的艺术之一,当前的音乐教育已经进入多元文化的潮流。现代孩子身处的音乐教育环境和获得音乐信息的渠道非常丰富,不仅能在学校进行音乐课程学习,而且每天从家庭和社会也能接受很多音乐信息。学生接受音乐的机会比较频繁但流于芜杂。

1. 灵活组合教学内容的可行性

音乐教学如何利用课堂教学的有限时间,带领学生走进多彩的音乐世界,汲取“营养”,对教师来说,是一个重要的课题。面对丰富的但缺乏序列和统筹的“资源库”,精心选择与组合教学内容显得尤为重要。《音乐课程标准(2011 年版)》的课程设计思路第五项指出:“课程内容的设计,在明确的规定性和适度的弹性之间寻求平衡,给教师教学和地方音乐课程资源开发留有创造和选择运用的空间。”[⑥]音乐课程的教材内容、适度的弹性,为教师选择、开发、运用优秀的教学资源来充实教学内容留有一定的余地,也为教师提供了发挥主动性、积极性进行教学创新的空间。以往的音乐教学在内容安排上基本是以“一课一曲”的形式为主,“体验式学习”的音乐课堂从学生音乐经验积累、要素感知序列化、多声部意识培养等视角出发,教学内容的安排更加综合与灵活,可以采用“一课一曲”

⑥ 中华人民共和国教育部制定.义务教育音乐课程标准(2011 年版)[S].北京:北京师范大学出版社,2012:7.

“一课多曲”“同类型曲目组合”“对比性曲目组合”等多样化的形式。

2. 合理安排教学内容的具体操作

下面以“小学民族音乐教学内容的选择与组合”为例，阐述音乐课堂“体验式学习”教学内容安排的具体操作。

在文化多元化的时代潮流中，保持本国的音乐文化个性是立足于世界音乐文化之林的基础，突出民族性是音乐教育的首要特征，学校音乐教育必须明确并坚持以民族音乐作为学生的“音乐主粮”。“小学民族音乐教学内容的选择与组合”以整体感知的视角出发，对教学内容从有序厘清、合理选用、恰当融合三方面进行选择组合。

(1) 有序厘清学习内容

各民族都是借助于音律音高、节拍节奏、音响色彩、织体形态等表现手段，在音乐活动中表现情感或意义的，学生通过对作品表现要素的感受、体验、表达，比较全面地感知了解某一民族音乐的特点、风格和文化。教师要系统梳理教学内容，明确教学目标，对学习内容作细致、具体的安排。

下面以彝族音乐为例予以说明。小学教材中共有八首彝族音乐作品，主要为彝族民歌和民族器乐曲。

① 厘清“点”的具体内容。“点”指作品独具特色的表现要素或者某一个学习要求。以彝族民歌的旋律特征、音阶特征、节拍节奏特征为感知要点，明确五首彝族民歌(含彝族民歌风)的主要特点。如《转圆圈》：Do、Mi、Sol 为“骨干音”；旋律音调以分解和弦为主作连续跳进；自由节奏与递变式节奏；二拍子与三拍子节拍交替。八首彝族音乐作品都有“用舞蹈律动表现歌曲”的学习要求，笔者根据作品的音乐特点对每一首作品的“基本舞步、舞蹈动作、走步方向”作了详细明晰的表述。具体设计如下(以《彝家娃娃真幸福》《赶圩归来啊哩哩》为例)：

第三册	彝家娃娃真幸福	1. 基本舞步：横步、小跑步。 2. 舞蹈动作： 第一段：左右交替横步，双手叉腰。 第二段：前后交替小跑步，双手先从一位托至二位，三位击掌，再由三位落至一位。(衬词“阿里里”处可作踩脚、踩脚击掌、后踢击掌等变化。) 3. 走步方向：第一段左右；第二段前后。

续 表

第十一册	赶圩归来啊哩哩	1. 基本舞步:摇步、跺脚。 2. 舞蹈动作: 摇步(第一乐段):双手曲肘与肩齐,划小圈,身体轻摇。同时向左走三步,右脚踏地;向右走三步,左脚踏地。做两次。 跺脚(第二乐段):起左脚,双手在胯两边画圈摆动,往左转圈走六步到对方位置,"阿哩哩"两人对拍。 迈右脚,双手向下甩直;跺左脚,双手屈肘向上抬起。连续做三次,"阿哩哩"右侧击掌。 3. 走步方向:围成里外两圈,左右走步。

② 注重"线"的有序安排。"线"指民族音乐作品在音乐角度或人文角度具有连续性的学习内容。"了解风俗风情"是感知民族音乐文化的途径之一,学生比较感兴趣,但风俗风情包括的内容很宽泛,教材中的要求又比较简单。因此要根据不同作品对所要渗透融合的内容作有序安排。如从《彝家娃娃真幸福》开始了解彝族服饰,《喜鹊钻篱笆》了解彝族儿童民间游戏;接着从《赶圩归来啊哩哩》了解彝族的生活环境和"赶圩"习俗,《火把节》了解彝族节庆"火把节";最后通过《阿细跳月》了解彝族支系"阿细"和"跳月"习俗,《转圆圈》了解彝族支系"撒尼"。学生通过对彝族风俗风情的序列性学习,对彝族音乐文化形成整体感知。

(2) 合理选用音乐素材

民族音乐教学中使用的音乐应当是具有表现力、感染力的好的音乐,能够给学生丰富的音乐经验和最好的情感体验与心灵享受。所以,其教学内容应该更具开放性和创造性。教师可以从民族音乐文化整体感知与情感体验的视角出发,恰当地补充、改编一些教材以外的音乐素材,并且合理运用于教学,使学生在民族音乐学习中获得更加全面而深刻的感知。选用的音乐素材主要有以下三种类型。

① 活动音乐。在导入或拓展环节的实践活动中,选用与所学作品联系紧密的音乐补充到教学中,丰富学生体验,从而获得比较全面的感知。如《草原就是我的家》("人音"版二年级演唱曲目)导入环节和结束部分都采用了补充作品《呼伦贝尔大草原》作为活动音乐。歌者醇厚的嗓音深情的演唱,给人以深远辽阔的感觉,课的开始学生聆听歌曲时用筷子敲击节奏,缓缓走进教室,走进"草原";结束部分,学生聆听歌曲时用筷子敲击节奏,缓缓走出教室,告别"草原",首尾呼应,情感体验充分。

② 背景音乐。在了解民族音乐文化(如民族风俗风情)的教学环节,选用与所介绍的内容相吻合的背景音乐,营造身临其境之感,给学生听觉、视觉上的感受,引发向往喜爱的

情感。

③ 本土音乐。音乐课程标准在“课程资源开发与利用”建议中提出“要善于将本地区民族民间音乐运用到音乐课程中来”。我们将“杭滩”（杭州地方戏曲剧种，非物质文化遗产）中一些适合小学生演唱的曲目，如古诗词《春晓》、童谣《西湖边上放鹞儿》等引进课堂，让学生从小受到本土地方音乐的熏陶，树立传承民族音乐文化的意识。

（3）恰当融合相关领域

在教材中，民族音乐教学的内容是有限的，“把握好民族音乐文化感知体验的广度和深度”对教师来说是一个挑战。感受与欣赏、表现、创造、音乐与相关文化“四个音乐教学领域是一个相互联系、相互渗透的整体”。例如“感受与欣赏”包括“音乐与相关文化”，而“音乐与相关文化”也只有在音乐欣赏、表现和创造活动中才能真正得以理解和体现。“教师应全面理解和掌握音乐教学各领域的内容要求及其相互联系，并在教学中将其融合成有机整体，全面提高学生的音乐素养。”⑦因此，教学中可以通过“多个作品多种类型”“单个作品多种类型”“多个作品单一类型”等不同形式构建起各领域间的有机联系，拓展学生音乐文化视野，深化学生对民族音乐艺术的理解。

① 多个作品多种类型感知。蒙古族、藏族、彝族、新疆维吾尔族这些少数民族的音乐作品在教材中相对来说还是比较丰富的，可以学习民歌、民族器乐曲、民族舞蹈等不同类型的不同作品，融合相关领域的内容对这些民族的音乐进行重点感知。

② 单个作品多种类型感知。仡佬族、哈尼族、侗族、傣族、朝鲜族等少数民族的音乐作品在教材中大多只有一两首；汉族民间音乐作品虽丰富，但由于分布地区广，因此教材中也只能选取几个地区或这一地区的一两首代表作品。对于这种情况，教师要用足、用好这一两首作品，并融合相关领域不同类型的内容，如民歌与民间舞蹈，民歌与民族器乐，戏曲与民族器乐等，让学生尽可能多一些感受和了解。

③ 多个作品单一类型感知。在民歌种类、现代京剧、民族舞蹈（重点学习藏族、彝族、蒙古族、新疆维吾尔族）、二胡与笛子等有代表性的中国民族器乐作品欣赏等某一类型的教学中，可以采用“学习新作品、回顾已学作品”或“组合多个作品”的方式，融合相关领域，加深学生对这一类型民族音乐的风格、特点的感受与领悟。

---

⑦ 同⑥：27.

（三）多元交替——途径方式要多样

音乐课堂“体验式学习”的教学方法有哪些？具体的途径和方式是怎样的？为什么要交替进行各种不同形式的音乐活动？怎样选择运用不同的方式？

1. 音乐课堂“体验式学习”的教学方法

教学方法是“教师和学生共同为实现教学目标，完成一定的教学任务，在教学过程中所采取的教学方式、途径和手段。”⑧音乐课堂体验式学习强调学生“主动参与，亲身体验”，教学以“实践性、感受性、探究性”的教学方法为主，根据教学需要，适当采用语言性教学方法。

（1）“实践性”音乐教学方法

“实践性”音乐教学方法以音乐实践活动为主，强调学生的亲身参与。主要的方式有动作表演、练习、创作、游戏。

动作表演包括体态律动、身体打击乐和舞蹈。对音乐美感的“体验—表达”最原本和自然的方式就是动作，用动作来传情达意，也可以说，动作是音乐体验的反射。动作表演表面上看是对肢体的运用，实质上是为了解决音乐学习中的问题。体态律动的学习方向是音乐要素的感知和表现、音乐感的表达，身体打击乐的重点是节奏的感知与表现，舞蹈则侧重于音乐风格与情感的体验与表达。实践证明，动作表演能够发挥多感官（听觉、视觉、动觉）联觉的作用，直接反映了学生对音乐本体的感受程度，并且能够展现学生独特的个性气质。

练习是指直接参与识谱、演唱、演奏等音乐实践活动，将音乐知识运用于实践，转化为技能技巧。让学生获得感知是体验的途径，所体验到的情绪、情感要表达出来必须依赖于技能技巧的支持。有的教师在教学中过于注重活动形式而忽视了对学生必要的技能指导，导致其最后的音乐表现没有完全落实而流于表面。因此，练习要做到“练习目标明确”“练习方法多样”“练习指导细致”“练习反馈及时”，教师要善于发现和鼓励学生的点滴进步。

创作主要有改编、即兴创作、创作表演这几种形式。其中，创作表演较为常用，将学生熟悉的歌曲、乐曲等配上学生的歌唱、乐器演奏和动作进行表演；即兴创作是“体验式学习”中比较注重的创作形式，如节奏问答、节奏接龙、固定音型伴奏、即兴合奏、随音乐即兴律动表演等，能唤起学生的创作激情，激活学生的音乐思维，能够促进学生对音乐充分而

---

⑧ 同④：319.

深刻的理解。

游戏是最易为学生接受、喜爱和理解的方式，具有音乐性、趣味性和创造性。根据音乐作品的特点，将对知识、技能、要素等学习与感受编设在游戏中，如“对歌游戏”“传递游戏”“接唱游戏”“擦记游戏”等，可以使学习变得生活化和游戏化，从而带领学生进入一种自然学习的状态，在放松、愉悦的氛围中投入地学习，获得知识并得到技能训练，于轻松之中取得深刻的体验。

（2）“感受性”音乐教学方法

“感受性”音乐教学方法以音乐感受、情感体验为主，学生的音乐信息来源于聆听音响、教师示范、同伴演绎、直观演示等，学生在以欣赏为主的活动中，感受音乐美感，产生积极的情感反应，从而生发浓厚的兴趣和求知欲望。

实际音响的聆听，包括演唱演奏的音频、视频、录像、电影等；教师示范包括范唱、范奏、动作表演等；直观演示指利用教具、图片、图谱、小道具等演示，使学生获得感性体验。“感受性”教学方法通过含蓄、间接的方式对学生的心理和行为产生影响，促其由感受而动情，由动情而投入。

（3）“探究性”音乐教学方法

“探究性”音乐教学方法以探究、发现为主，主张学生自觉地、主动地去探索，对音乐作品的速度、力度、旋律等音乐要素予以主动的注意，发现并掌握相应的知识技能，对概念、意义有更深的认识和体会。

如《法国号》（“人音”版一年级演唱曲目）“音高感知”探究活动：

① 音响探究

教师用“bong”和“lü”模唱旋律→请学生说说教师演唱的声音让你想到什么乐器。（想象、联想）→学生回答，模唱第一乐句。

② 动作探究

教师弹奏“5̣　3　3”，学生自主用身体的不同位置表示→个别学生随教师弹奏展示自己的动作→全体学生自主用动作表演并用“bong”模唱（两遍）。

③ 音高探究

学生聆听教师弹奏“5̣　3　3”，请学生在黑板上用图形表示5̣、3两音→学生1：•　•→交流：为什么用圆点来表示呢？→教师再次弹奏，请学生聆听体会两个音有什么不同的感觉并用图形表示→学生2:●　•→交流:为什么第一个点要大一些呢?→再听教师弹奏,听辨哪个音高,哪个音低,请学生用图形表示→学生3:●　•→教师弹奏“5̣　3　3”,请学生用图形表示三个音→学生4:●　•　•→教师弹奏,学生听出三个音的音高→教师写出音符,学生随教师点图形唱唱名5̣　3　3。

通过“音响—动作—图谱—曲谱”的一系列探究活动,学生对5̣、3这两个音的音高感知亲历了从“模糊到清晰”“形象到概念”“体验到认知”的学习过程。

2. 多元交替:能动地接受音乐

音乐是最抽象却又最直接的艺术,音乐教学要达成音乐的表现和体验需要倚赖有形思维。师生可以通过看得见的来说明和把握看不见的,通过说得清的来说明说不清的。“使音乐全面、深入地诉诸学生的听觉、动觉、视觉、感觉和知觉,以此为完整的过程进行音乐教育和教学,正是音乐教学最重要的原则和方法。”⑨

“实践性、感受性、探究性”的教学方法具有多感官参与的特性,从听觉入手,尽可能通过具体的音乐实践,调动学生的视觉、动觉,建立起音乐感知,在进一步的音乐实践活动中经历感知深化和全面体验,达到“悟”的审美境地。如《辛德勒的名单》(“人音”版七年级欣赏曲目)主题旋律由小提琴从中音区到高音区再到更高音区,反复演奏了三次,音域一次比一次高,是现实的残酷,精神的痛苦,还是黑暗中的期盼呢?如何让学生通过聆听、体验,来体会小提琴不同音区的音色差异,感悟情感的变化呢?教师在“感知音色,体悟情感”环节采用“感受性”教学方法设计了“聆听演奏选择色带”的活动(图4-1)。

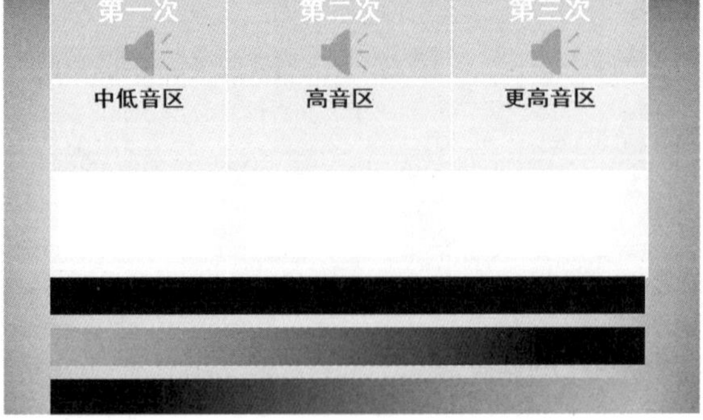

图4-1 《辛德勒的名单》“聆听演奏选择色带”活动

⑨ 同②:25.

三条色带各不相同，第一条色带自始至终都是一个颜色，第二条色带由浅入深，第三条色带由深变浅，在聆听小提琴不同音区的演奏后，学生的体验也是非常之丰富。有的同学选择第三条色带，他认为小提琴的音色变化由开始的低沉到后面越来越明亮，仿佛充满了希望；有同学选择第二条色带，他认为随着音区的变高，那种揪心的感觉越来越强烈，忧伤越来越浓郁；还有同学选择第一条色带，因为他认为这是一首悲伤的音乐，从头到尾都充满了犹太人的辛酸与痛苦，它的基调就是暗沉的……学生不同角度的回答，折射出他们对音乐的不同理解，每个孩子内心的独特体验都应该被珍视。

音乐课堂“体验式学习”的音乐活动丰富多样，教师要创造性地启发学生交替进行各种不同形式的音乐活动，一是以免使学生的注意力和音乐知觉变得迟钝，二是能够使学生在不同的活动中对音乐的感知、理解更加深入。下面以《对花》（“人音”版五年级欣赏曲目）B 乐段的赏析活动来予以阐明。

聆听《对花》第二乐段——探究要素变化，品味赏花之趣

（1）一品：第二乐段的主题与第一乐段有什么不同？带给我们的是怎样的场景呢？（播放长笛演奏的主题音乐）

学生 1：音乐表现的是人们在百花园中赏花的情景。

学生 2：看到多姿多彩的花儿尽情地绽放，人们的心情顿时愉悦起来。

（2）再品：听辨主题出现的次数，感受力度和音色的变化。

① 播放第二乐段，学生听辨次数并用手势表示；简单交流感受。

② 再次播放第二乐段，教师随音乐画“花朵”（图 4－2）。

③ 学生仔细品味力度和音色的变化。

图 4－2　聆听《对花》B 乐段随乐作图

(3) 三品:感受轻松自在的心情。

① 学生聆听长笛演奏,听辨伴奏乐器。

② 学生在自由空间随音乐走步,体会赏花乐趣。

(4) 四品:体会景致和情感的变化。

① 教师与个别学生互动表演“花儿绽放”(同一个律动动作,由四位学生依次表演),交流“看到花儿一朵朵绽放”。

② 师生完整聆听第二乐段,互动表演“花儿绽放”(随音乐力度变化引导学生个别、小组、全体交替表演),感受与表现赏花时看到的不同景象和情感的变化。

“聆听、讨论、绘画、律动”多种方式交替进行,引导学生层层探究要素变化,细细品味赏花之趣,自然而然流露出对“花的赞美”,对“自然的赞美”,对“美好生活的赞美”。

(四) 据实而定——教学手段要适切

“体验式学习”有哪些较常用的教学手段?其作用是什么?教学手段运用应遵循怎样的原则?如何恰当选择并有效运用教学手段?

1. “体验式学习”教学手段枚举

教学手段是教学内容的载体,也是教学方法的要素之一,主要是指教学中师生传递信息的用具、媒体或设备,也可称为“教学媒介”。音乐课堂“体验式学习”注重学生多感官参与,依据感知器官和信息流向,其教学手段可分为以下几种:

(1) 视觉辅助手段:实物、模型、图像、乐谱等,比如教学中常用的乐器、图谱、小道具。

(2) 听觉辅助手段:录音、CD、课堂中教师的范唱演奏与学生的演唱、演奏等。

(3) 视听觉辅助手段:录像、电影、电视等各类视频、课堂中师生的综合性表演。

(4) 多媒体交互辅助系统:多媒体计算机、电子白板等。现代教育技术具有视听结合、声像一体、资源丰富等优点,扩展了音乐教学的容量,丰富了教学手段和教学资源。

尽管视听和多媒体设备已被广泛运用于音乐课堂教学中,但是就激发学生的音乐感知觉而言,最佳手段依然是“直接的”“直观的”“生动的”,“体验式学习”注重教师高质量的演唱、演奏、表演,学生自信的、兴趣盎然的音乐表演,还有学生能够参与其中,直接作用于视觉、触觉等感官的乐器、道具、图谱等媒介的运用。

不同教学手段为音乐教学提供了多种信息传播方式、多个信息通道、多种感官刺激。在音乐教学中,教师要恰当选择、有机组合,让它们互为补充、协同参与,发挥整体功能,提高教学效率。

2. 教学手段的运用原则

（1）音乐为本

教学手段运用要遵循音乐学科的特点，作为教学的辅助与音乐实践活动紧密结合，能唤起感知，有助于学生体验音乐，理解知识，提高技能，启发思考，引发创造。

（2）生动有趣

教学手段运用要顺应学生的兴趣和需要，能够充分调动学生学习积极性，保持适度的兴奋感和学习的持久度；通过手段的辅助运用鼓励学生在学习中探索发现，促使其对音乐有更深、更好的理解与表达。

（3）注重质量

不论运用哪一种手段，都需要把握“好的音乐”这一理念，要注重所用手段产生的效果是否具有高质量的“质感与美感”，要为学生提供富有审美性的音乐信息与资源。

（4）易于接受

在选择教学手段，特别是运用一些学生需直接参与其中的媒介时，要考虑到学生的可接受性，充分了解学生的普遍水平，尽量适合每一个学生操作，以便让全体学生都能投入到活动中去，并鼓励他们积极探究与充分体验，最大化地发挥它们对音乐教学的辅助作用。

3. 据实而定：教学手段的选择与运用

某青年教师在《洗手绢》的表演环节，为学生准备了很多小道具，有报纸折成的脸盆、纸棒绑成的三角晾衣架，还发给每个学生一张餐巾纸当作手绢。学生很兴奋，注意力被这些新奇的道具所吸引，好一会儿才安静下来。最后把“手绢”晒在“晾衣架”上时有几个架子倒了，几个调皮的男孩子还抛“手绢”玩。课后，观课教师对教学手段的运用提出了异议：表演环节不一定要用这些道具，会分散学生的注意力；教学媒介的运用不能喧宾夺主，情境创设还可以通过语言、想象来实现，应该让学生更多地通过歌声、表情、动作来再现洗手绢这一生动的生活场景，感受劳动的喜悦；道具做得再好，如果没有效果，那媒介也就没什么意义了；教学手段是为了更好地实施教学而采用的，不应该流于形式。

由上述案例引发思考：作为一种教学辅助手段，教学媒介的选择、设计和使用要注重实际——从教学实际出发，从学生能力需要出发。根据具体的教学内容、不同的教学目标与任务以及学生的状况等实际因素恰当地选择和运用。

(1) 从教学实际出发:在这个环节要解决什么问题? 突出与强调的是什么?

下面以“图像媒介”和“小道具运用”为例来阐明。

“图像媒介”是“体验式学习”常用的手段之一。如《我是少年阿凡提》(“人音”版四年级演唱曲目)“聆听范唱,了解演唱内容”环节,教师用四格漫画帮助学生理解歌曲演唱内容,突出阿凡提“环保小卫士”的阳光少年形象。

图 4-3 《我是少年阿凡提》四格漫画

“小道具”也是教师比较喜欢运用的教学媒介。小道具是指生活中常见的生活用品、体育器具或装饰物等,音乐教学中常用的小道具有丝巾、呼啦圈、筷子、杯子、彩带、弹力绳以及魔力球、海洋球、网球等球类小物等,它具有普遍、灵活、多样、易操作等特点,能直接作用于学生的“视觉、触觉、动觉”等感官,在“体验式学习”中合理选择与运用小道具能使音乐变得直观、易见、易感,学生能够更具象地表达与呈现对音乐的感受。

如《小河淌水》(“人音”版六年级欣赏曲目)“思念”的情感体验,对亲人间真挚情感的深刻体悟,需要给予六年级学生恰当的手段,让孩子们自主探究,获得个性体验。这节课的教学充分借助丝巾这一教学媒介,通过听觉、视觉、动觉多感官参与让学生找到属于自己的感觉。本课一共有五次丝巾的运用，具体如下：

第一次（导入环节）：师生合作，教师哼唱旋律缓缓抽拉丝巾，让学生体会思念的情感，运用听觉与视觉的通感，让学生获得最初的体验；

第二次（聆听旋律，自主探寻环节）：教师哼唱旋律，学生用丝巾自主演绎，找找思念的感觉，运用听觉与动觉的通感，获得进一步体验；

第三次（聆听英国管演奏环节）：让学生透过丝巾感悟思念的色彩，想一想朦胧的意境与思念的情感可用什么颜色表示，此处将客观的“形象”与主观的“意念”相融合；

第四次（完整聆听环节）：听辨主题出现几次，运用丝巾来表示，当主题第二次出现时轻轻捧起丝巾，如果有第三次出现就舞动丝巾。不仅是让学生专注聆听，准确听辨，更主要的是能够关注到情感的变化；

第五次（聆听弦乐合奏环节）：用丝巾舞动来感受与表现“浓郁”的情感，给予学生充分的个性体验。

借助于丝巾，学生对情感的体验渐趋深入，音乐一点点渗透进学生的心里，让他们能够沉浸其中，获得属于自己的体验与感悟。

（2）从学生能力需要出发：学生已有怎样的知识基础与技能？此年段音乐能力需求是什么？想要解决什么问题？

下面以“多种乐谱整合运用”为例来阐明。

① 各种乐谱的优点分析

字母谱：能够帮助学生快速简易地掌握每一个音的唱名，建立音的唱名概念；

多线谱（也可称“线谱”）：立体直观地呈现音与音之间的音高关系，音的高低，音程距离的远近，通过线和间能够很好地让学生感受并通过演唱表达出来，帮助学生更好地建立音高概念；

图形谱（也可称“现代音乐乐谱”）：立体呈现旋律进行的特点，有效地帮助学生形象地再现节奏和音高的概念；

简谱：容易识别，便于快速掌握。

现行中小学音乐教材所用乐谱以简谱为主，学生要将简谱符号转化成具有音乐性的声音需要有一定的方法与过程，在小学阶段，我们就可以通过多种乐谱整合运用的方法来帮助学生学习简谱。

② 多种乐谱的整合运用

在“体验式学习”中，我们综合字母谱、线谱、图形谱的优势来辅助和支撑简谱中所没有呈现的部分，根据不同年段学生的能力需求选择不同乐谱予以整合运用，不断架构起学生良好的音高感、节奏感，以及音乐感觉与符号概念之间的联结，当学生在音高、节奏方面有了比较稳定的基本能力之后，就可以脱离这些辅助而直接进入简谱的识谱视唱学习。

	小学低年段	小学中年段	小学高年段
乐谱整合	“字母谱/线谱/图形谱”相融合	“线谱/简谱/图形谱”相融合	简谱为主 图形谱辅助
能力需求	建立基本的音高感和节奏感	已有基本节奏概念，进一步稳固音高感	基本音乐能力形成，具备初步的识谱能力

小学低年段是音乐学习入门阶段，教师需要通过相应的乐谱符号体系帮助学生建立基本的音高感和节奏感，运用字母谱能够帮助学生快速掌握唱名；多线谱和图形谱能够让学生直观感受音的高低，音程的远近；字母谱或多线谱还可以和符干记谱法结合起来，直观方便地帮助学生学习基本节奏型。

小学中年段学生已有基本节奏概念，但音高感的稳定还需要不断巩固，可以慢慢脱离字母谱的帮助，逐渐用简谱符号来辅助对音高的感知、表达。简谱的音高符号可以与线谱中的节奏符号或线间音高符号相融合，以这样的方式进一步稳固音高感，为高年段学习简谱的识读做好准备。

小学高年段学生的基本节奏感、音高感已经形成，在教学中以简谱的识读为主，图形谱为辅，图形谱的主要作用不再是音高的呈现，而是帮助学生了解结构、旋律特点，能够自主探究并在演唱中更好地表现。

不同乐谱的融合与渐进，最终落实到完整乐谱(即简谱)的识读演唱。

教学有法，但无定法，贵在得法。教学活动受到多种因素的影响，教学的内容、形式、手段等要根据实际情况恰当选择，因材施教，灵活应变，打造“有趣有效有意味”的充满活力的音乐课堂需要教师潜心实践，孜孜以求。

第五章　音乐课堂“体验式学习”课例评析

理想的教师是鼓励对音乐以尽可能多的方式进行开放自由的探索的人。①

音乐最终会丰富你的生活，成为你积极性和创造性的力量。②

“能动学习”课堂研究的目的是催生学生的自主性与主体性，要求教师也必须是自主性、主体性的参与者，努力提升“教师教学研究能力”，锻造“富有创新精神的教师文化”。“一个理想的教师文化的创造，需要满足以下五个要素：愿景、知识、技术、实践、态势。”③音乐课堂“体验式学习”的教学实践特别需要音乐教师强烈的“态势”，即对音乐教育的热爱，对课堂的热爱，对每一个学生的期待、包容与热忱，与同伴的真诚对话与分享，以及挑战自我的信心和来自内心的驱动力。有了这种态势，就能推进“体验式学习”的实践，推动课堂转型，锻造出“探究、协同、反思、创新”的音乐教师团队，实现“体验式学习”音乐课堂的美好愿景：“学习主体”成为“自由生长的人”，“音乐教师”成为“有思想的行者”，“音乐课堂”成为“感悟美好的磁场”。

一、 基于课例研究的音乐教师专业成长

教师要在专业成长中取得长足的发展与进步，“学习、实践、反思”三个方面缺一不可，“反思性教学实践”对教师成长发挥着强有力的作用。音乐课堂“体验式学习”采用“课例研究”这一形式组织教师开展“反思性教学实践”，促进教师专业成长。“课例研究”是教学设计、教学实践与教学反思三种活动的循环往复，是一种“参与性研修”，注重通过参与者之间的交互作用而产生教学智慧与创造力，其特征是参与、体验、交互，具体通过“观课议课”“一课多思”的途径展开。

（一）观课议课

观课是对课堂教学行为和课堂现象的观察。它强调用多种感官全面收集课堂信息。除了语言和行动，课堂的情境与故事、师生的状态与精神都是感受的对象。

---

① ［美］贝内特·雷默．著．音乐教育的哲学［M］．熊蕾译．北京：人民音乐出版社，2003：6.

② ［美］格雷珍·希尔尼穆斯·比尔．著．体验音乐——美国音乐教育理念与教学案例［M］．杨力译．北京：人民音乐出版社，2009：461.

③ 钟启泉．著．课堂转型［M］．上海：华东师范大学出版社，2017：108.

议课是围绕观课所收集的课堂信息提出问题、发表意见,“议”的过程是展开对话、促进反思,挖掘出行为背后的理念与意义的过程。议课以“改进、发展”为主要取向,鼓励教师主动暴露问题以获得帮助,求得发展。

1. 音乐课堂“体验式学习”观课议课

音乐课堂“体验式学习”观课议课是音乐教师围绕“体验式学习”相关的主题开展教学实践,通过观课活动发现问题,针对教学中出现的优点与不足进行议课,在对话与反思中探求方法与策略,促进音乐课堂教学更优化的一种教学研究活动。“观什么、议什么、怎么观、怎么议”是课例研究的主要问题,即观课议课的内容和维度、观课议课的流程与方法。

2. 观课议课的内容和维度

第一,以生为本——教学主体是否合理。

第二,恰当组合——内容安排是否得当。

第三,相辅相成——目标定位是否准确。

第四,多元交替——途径与方式是否多样。

第五,据实而定——教学手段是否适切。

3. 观课议课的流程与方法

(1) 课前沟通,协商主题

观课前的沟通与协商,一方面使执教者明确教学的主题与方向,另一方面强调观课者的积极参与,根据相关主题进行学习和准备,对即将展开的教学活动提出建议,从而保证观课议课活动在充分准备的基础上顺利展开。

(2) 观察记录,发现问题

在观课过程中,教师围绕主题进行重点观察并作好记录。“观察记录”主要由“教学任务、教师活动、学习行为与效果、教学行为、存在问题”几部分组成。

(3) 对话交流,共议对策

参与者围绕问题进行探询,对存在的问题从不同角度加以理解,议出更多的教学思路和方法,共同商议解决问题的对策。议课的过程是参与者不断拓宽视野、开阔思路的过程。

(4) 修正改进,完善教学

执教者通过“反思记录”对自己的教学进行追问,及时根据修正建议和改进设想完善教学设计，选择更适合自己、更适合学生、更适合教学内容与情境的教学方法和教学行为；议课者从问题剖析、改进建议、观课感悟等方面进行反思。

（二）一课多思

教师专业成长具有很强的自主性，行为的改变来自其内心，反思对教师专业发展起着决定性作用，行悟合一才能成就教育智慧。

音乐课堂“体验式学习”一课多思是指针对某一个课例或某一个主题的几个课例，在观课议课的基础上进行反思。“多思”一方面是指反思的内容多角度，如教学理念、教学行为、教学过程、教学方法等；另一方面是指反思的形式多样化，有个体思悟、群体对话以及课例深究等，通过理性化的审视、分析与反省，逐步加强音乐教师的反思意识，提高研究能力，提升理论水平。

1. 个体思悟增高度

个体思悟一般是指课例执教者的反思，教师从“成功之举”“创新点”“不足之处”“教学机智”“学生见解”等某一方面或几方面作反思，对教学作进一步修正改进，并寻求一定的教育理论作支撑，教学实践与理论相结合，把自身教学水平提高到一个新的境界和高度。

2. 群体对话增宽度

群体对话是指观课教师对课例的反思与交流，依据“批判性、创造性、发展性”的原则，相互间平等对话，互相启发，形成良好的群体研究氛围，开阔思路，增进智慧。同时，观课教师依此反思自身的教学行为，从中获得启示，激发教学热情，并由此延展教学研究的宽度。

3. 课例深究增厚度

课例深究是指音乐教师以课例为载体对教学理念、教学行为、教学过程等作全面、深刻的反思，撰写课例研究论文，完成由教学者向研究者的转变。

如果反思只停留在“就课论课”的层面，那么，教师的研究能力还是在比较浅的层次。专业反思强调培养教师的反思意识和研究精神。教师通过个体思悟、群体对话、课例深究形成连续不断的反思，在不断思辨、调整与构建过程中得到持续性的专业成长。

二、音乐课堂"体验式学习"课例评析

教学是一场静悄悄的革命，做教学研究要静、要真、要慢，要踏踏实实、一步一个脚印地做。音乐课堂"体验式学习"的研究历程就像"一只船航行在海上，静静地，只是向前航行"，要以这样一种沉静的心态潜心研究每一个教学设计。笔者至今执教、指导的"体验式学习"教学研讨课例已累计有一百五十多个，其中，民族音乐教学约占70%。

本章选择了音乐课堂"体验式学习"有代表性的20个课例，这些课例均取自中小学音乐课堂教学第一线，包含了一年级至九年级所有学段，教学效果良好，具有典型性、实用性和可操作性的特点。其中，有中国文联乡村艺术教师培训项目示范课例、教育部国培计划学科名师谈教学录用课例、教育部国培计划实践教学能力提升项目录用课例、中国教科院高质量课堂展示一等奖课例、浙派名师经典课堂教学艺术展示课例、浙江省教育厅"百人千场"送教课例、浙江省中小学音乐教师培训项目展示课例、杭州市"一师一优课，一课一名师"一等奖课例、杭州市音乐新课程评比一等奖课例，等等。课例后附有指导教师的评析或手记、观课议课交流、教学随笔、执教教师的反思或感悟等，有助于读者更清晰地了解课例设计背后的教学理念和教学策略。

小学一至二年级（课例评析5则）

例一《咏鹅》（一年级 表现）

例二《过新年》（二年级 表现/创造）

例三《草原就是我的家》（二年级 表现/音乐与相关文化）

例四《我的家在日喀则》（二年级 表现/音乐与相关文化）

例五《三只小猪》（二年级 感受与欣赏/创造）

小学三至四年级（课例评析6则）

例六《草原上》（三年级 表现/创造/音乐与相关文化）

例七《维也纳的音乐钟》（三年级 感受与欣赏/创造）

例八《杨柳青》（四年级 表现/音乐与相关文化）

例九《打字机》（四年级 感受与欣赏/创造）
例十《龙里格龙》（四年级 表现/音乐与相关文化）
例十一《摇篮曲》（四年级 表现/创造）

小学五至六年级（课例评析 5 则）

例十二《叮铃铃》（五年级 表现/音乐与相关文化）
例十三《乘雪橇》（五年级 感受与欣赏/创造）
例十四《对花》（五年级 感受与欣赏）
例十五《编花篮》（五年级 表现/音乐与相关文化）
例十六《月亮姐姐快下来》（六年级 表现）

初中七至九年级（课例评析 4 则）

例十七《化装舞会》（七年级 感受与欣赏/音乐与相关文化）
例十八《雪绒花》（八年级 表现/音乐与相关文化）
例十九《瑶族舞曲》（九年级 感受与欣赏/创造）
例二十《场景音乐》（九年级 感受与欣赏/音乐与相关文化）

例一《咏鹅》——表现

课　　型:演唱为主的综合课。

年　　级:一年级。

课　　时:1 课时。

教学内容

"人音"版义务教育教科书·第一册第四课演唱作品《咏鹅》。

教材分析

歌曲《咏鹅》是作者黄国群根据诗人骆宾王的诗歌《咏鹅》创作而成的。歌曲为$\frac{2}{4}$拍,五声宫调式,采用 AB 二段体结构,每段由四个乐句构成,结构规整。A 乐段的第一乐句采用同音反复到音阶式上行,形象地描绘了白鹅呼唤伙伴的场景;第二乐句引申发展,塑造了白鹅戏水的美好景象;第三、四乐句用不完全重复手法,将第一、二乐句进行反复,加以强调。歌曲在向 B 乐段过渡时,加入了朗诵,起到承前启后的作用。B 乐段第一乐句旋律向上五度扬起,使歌曲富有激情,情绪更为热烈,将白鹅仰天高歌的形象表现得更加鲜明生动。

学生情况分析

经过前三个单元的学习,一年级学生对四分音符、八分音符以及二分音符这些常见节奏已经有所感知,并能随着音乐做出恰当的体态动作,以形象思维为主。学生已经具有一定的音乐学习常规,能够配合教师的提示开展音乐活动,喜欢与同伴相互合作、分享快乐。但一年级学生爱说爱动,注意力不持久,需要关注与指导。

教学目标

1. 能用自然、轻柔的声音,断音与连音的方式有感情地演唱歌曲《咏鹅》,感受中国古诗词的独特韵味。

2. 在律动表演、观察图谱、乐器演奏等多种活动中感知歌曲的节拍、节奏、旋律、结构、情绪等音乐要素，感受白鹅悠闲戏水、仰天高歌的不同姿态。

3. 能够听辨并唱准"1""5"的音高；能运用响板、碰铃为歌曲伴奏，表现白鹅与伙伴玩耍时的快乐场景，体会同伴间相互合作的乐趣。

教学重点

用自然、轻柔的声音，断音与连音的方式有感情地演唱歌曲《咏鹅》。

教学难点

听辨并唱准"1""5"的音高。

教学准备

钢琴、多媒体课件、响板（2 个）、碰铃（2 个）。

教学过程

一、恒拍律动，初步感受

聆听《咏鹅》歌曲伴奏，师生律动进入教室，形成圆圈队形。

律动设计：

乐 段	A	B	朗诵部分
动作设计	恒拍走步 双手拍腿	恒拍走步 双手拍肩	停步，双手在身体两侧压腕，教师念词

二、节奏导入，激发兴趣

1. 教师朗读"鹅 鹅鹅 | 鹅 0 |"。

2. 学生模仿教师有节奏地朗读。

3. 教师指导学生用轻柔、有弹性的声音读节奏"X X X | X 0 |"，巩固四分音符节奏和八分音符节奏。

4. 教师在念词基础上叠加律动表演，学生观察并模仿。

5. 全体学生一边念词一边律动表演。

三、律动游戏，感知结构

（一）感知 B 乐段

1. 学生朗读"鹅 鹅鹅 | 鹅 0 |"之后，教师演唱 B 乐段歌词并做律动表演，学生观察。

2. 师生交流。

(1) 教师手的动作是什么。(手跟着音乐一拍一下地拍肩膀。)

(2) 教师做什么动作时走步,什么动作时停下脚步。(双手拍肩时走步,在每一句最后一个字的地方停下脚步。)

3. 教师唱词并表演,学生在原地律动并观察:教师走到了几个“好朋友”的面前。

4. 师生交流。

(1) 教师在什么时候邀请了“好朋友”。(每一句最后一个字的地方。)

(2) 邀请“好朋友”的时候做了什么动作。(看着“好朋友”,弯腰伸出手表示邀请。)

5. 播放音乐,律动游戏。(被邀请到的学生在下一个乐句开始时去邀请其他人。)

(二) 感知 A 乐段

1. 教师范唱全曲,同时带领学生做 A 乐段表演,B 乐段按乐句做律动游戏。

2. 教师继续歌唱,学生尝试轻声跟唱并继续表演,直至所有学生都接受“邀请”。

3. 音乐循环播放,学生走步律动回原位。

四、趣味学唱,感悟形象

(一) 画图谱,感受旋律高低

师:白鹅像一位艺术家,有时候喜欢低头吟诗,有时候又高声歌唱,请小朋友跟着老师来画一画。

1. 教师用“lu”分别模唱 A、B 乐段的第一句旋律并依次画出旋律线。

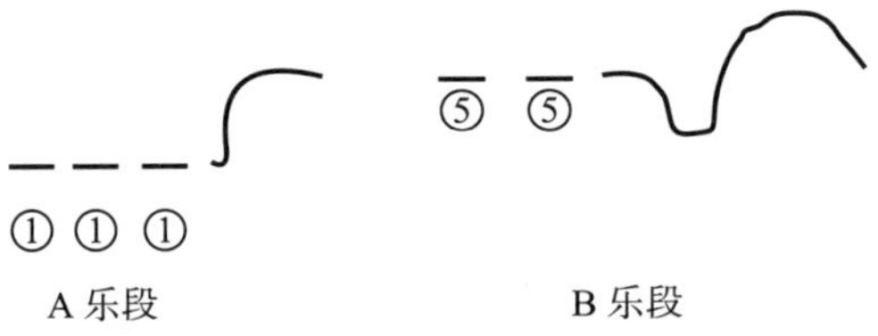

2. 师生交流:这两组波纹图形,哪条是鹅吟诗,哪条是歌唱。(学生选择相应的旋律线。)

3. 教师模唱旋律,学生画旋律线,再次感受。

4. 学生边模唱旋律边画旋律线。(在“**—**”处分别用柯尔文手势做“**1**”“**5**”。)

(二) 辨音高,区分旋律变化

1. 学生听辨出“**1**”的音高,教师将音符卡片粘贴在黑板上,学生认唱。

2. 教师指 A 乐段图谱,师生接唱(生:**1 1 1**,师:曲项向天歌)。

3. 学生听出**5**的音高,教师将音符卡片粘贴在黑板上,学生认唱。

4. 教师指 B 乐段图谱,师生接唱(生:**5 5 5**,师:曲项向天歌)。

(三)唱歌词,感悟音乐形象

1. 教师播放歌曲范唱,学生轻声跟唱。

2. 教师指导演唱。

(1)学生观察图谱,用断音、连音的方式演唱歌曲。

(2)学生分享:断音处,大白鹅在干什么;连音处,它又在干嘛。

(3)教师指导 A、B 乐段的力度变化与情绪表现。

(4)教师用钢琴伴奏,学生跟琴完整演唱歌曲。

(5)教师播放歌曲伴奏,学生演唱并做律动表演。

五、乐器演奏,合作表现

1. 教师出示响板,播放伴奏,学生边演唱歌曲边徒手尝试演奏。

2. 学生交流:响板伴奏用在歌曲的哪些部分,可以用怎样的节奏来伴奏。

3. 教师邀请两位学生用响板演奏。(在“鹅 鹅 | 鹅 **0** |”和“鹅 鹅鹅 | 鹅 **0** |”处加入伴奏“**X 0 | X 0 |**”。)

4. 音乐循环播放,学生演唱,教师示范碰铃与学生配合演奏。(B 乐段用碰铃伴奏,两小节敲击一次。)

5. 音乐循环播放,教师邀请两位学生用碰铃与响板合作演奏。

6. 音乐循环播放,四位学生演奏乐器,其他学生演唱并做律动表演。

(指导:徐惠琴;执教:吴嘉卉)

注:本课例是杭州长江实验小学音乐教师、徐惠琴名师智慧空间站学员吴嘉卉老师在浙江省教育厅教师培训项目“多维体验,创新教学——基于奥尔夫音乐教学法的音乐课堂教学能力提升培训”教学观摩活动中执教的小学低年级演唱教学展示课。以本课例研究为主要素材撰写的论文《看得见的音乐——音乐图谱在小学低段音乐课堂中的有效运用》获 2019 年杭州市中小学音乐教学论文评比二等奖。

指导教师评析

对一年级学生来说,在学校音乐学习的起始阶段,学习常规的培养尤为重要,良好的常规是音乐活动有序、有效进行的重要保障，是学生获得良好学习效果的前提。《咏鹅》一课的教学，从学生音乐学习的时间来看，处于建立、巩固学习常规比较重要的阶段。“体验式学习”强调学生在参与实践活动中亲身体验，因此，音乐活动的规则意识、空间位置的观察与调整、对音乐指令的反应、安静专注地聆听、完整体验音乐等学科常规要在音乐学习初期抓好抓实。在本课教学中，教师对学生音乐常规的培养落实得较充分，不论是“通识常规”还是“学科常规”，都予以足够的重视。比如，“听音乐做律动表演有序地进入音乐教室”“安静地聆听音乐”“步伐要轻轻的”“边唱边恒拍走步回原位”等。这些常规不是规则的灌输，而是让学生在活动中体验、明了，在反复中巩固，形成自觉意识并逐步形成的。如果能够持之以恒地维护与坚持，就一定能够促进学生良好的规则意识与行为习惯的养成，呈现动静有序、生动高效的课堂教学面貌。

本课教学依据儿童音乐学习的三个系统让学生亲历音乐的审美过程。从“**1**”“**5**”两音的认知来看，先是“表演系统”的学习，即“恒拍律动，初步感受”环节的律动表演，“拍腿”“拍肩”的动作让学生通过高低不同的身体位置对“**1**”“**5**”的音高有初步的感受；之后是“图像意象系统”的学习——“画图谱，感知旋律的高低”“画旋律线，再次感受”，从听觉表象转化为视觉画面的想象，学生通过视觉、听觉、运动觉的相互融合对“**1**”“**5**”的音高有进一步感知；在此基础上，进入“符号系统”的学习：听辨音高→认唱音符→接唱旋律。整个学习过程遵循小学生“形象→抽象”“感性→理性”“体验→概念”的认知规律，让学生在亲历审美过程中体验、认知、理解、表达。

种种音乐活动之间的联系和音乐的各个构成要素，都是有效学习的基础。本课注重低年级学生音高、节奏、乐句感、段落感等音乐要素的学习、巩固和积累，并且较好地运用律动的形式，让学生通过律动表演发展对音乐时间和声音空间的高度敏感性。比如，针对两个乐段在旋律进行、情绪、音乐形象等方面的变化，教师设计了不同的表现性律动让学生感受与体验：A 乐段突出“情趣性”，通过“扬颈”“梳羽”“拨水”等模仿白鹅姿态的律动表演让学生感知音乐形象；B 乐段采用“游戏性”律动表演，让学生在互动性的律动游戏中初步体验“乐句感”，同时在表现白鹅与伙伴玩耍的快乐场景中体会“协同学习”之乐；完整表演又能够让学生体验到不同段落的情绪变化。

（徐惠琴）

例二　《过新年》——表现/创造

课　　型：演唱为主的综合课。

年　　级：二年级。

课　　时：1 课时。

教学内容

教材内容：“人音”版义务教育教科书·第三册第八课演唱作品《过新年》。

课外资源：《找朋友》（歌曲）。

教材分析

《过新年》是一首曲调欢快、情绪热烈的儿童歌曲，五声 C 宫调式，一段体结构。歌曲采用了汉族民间音调和秧歌舞的节奏特点，曲调欢快、活泼，生动形象地表达了孩子们过新年时愉悦的心情，尤其是歌曲中反复出现的模拟锣鼓音响的衬词“咚咚锵”，更加增添了热闹喜庆的节日气氛。

学生情况分析

二年级学生个性活泼，思维活跃，爱动爱跳；认识简单的节奏符号并且能够用声音、语言、身体动作来表现。因此，本课的节奏感知采用“探究性”教学方法让学生自主学习。低年级学生形象思维占主导地位，本课教学以直观、生动的学习活动吸引学生，让他们在参与中获得体验。

教学目标

1. 能够用明亮的声音、快乐的情绪准确演唱歌曲《过新年》，表达喜气洋洋过新年的愉悦心情。

2. 在节奏游戏、乐器伴奏、演唱表演等活动中了解过新年的习俗，感受、体验和表现过新年热闹的气氛和快乐的心情。

3. 能正确使用打击乐器鼓和锣，用固定节奏型“X X | X 0 |”和“0 0 | 0 X |”为歌曲伴奏；能与同伴合作进行敲锣打鼓、扭秧歌、舞龙灯等表演，分享欢乐。

教学重点

用明亮的声音、快乐的情绪准确演唱歌曲《过新年》，与同伴合作进行敲锣打鼓、扭秧歌、舞龙灯等表演，表达喜气洋洋过新年的愉悦心情。

教学难点

1. 歌曲第三、四乐句的准确演唱。

2. 用“X X | X 0 |”和“0 0 | 0 X |”两种固定节奏型合奏表演。

教学准备

多媒体课件、钢琴、小鼓（1个）、小锣（1个）、小盒子（5个）、红绸带（20条）。

教学过程

一、节奏游戏，趣味入课

1. 学生随《找朋友》音乐拍手律动进教室。

2. 节奏游戏。

（1）教师拿出4个漂亮的小盒子一一摆放好，请学生仔细看一看，听一听。问：谁能像老师这样来演一演？（盒子摆放代表节奏“X X | X X |”。）

（2）教师再加个盒子，问：谁能来拍一拍？（请个别学生按照教师的摆放拍出节奏“X X | $\underline{X\ X}$ X |”。）

（3）学生自主摆放并邀请同伴拍一拍节奏。

（4）教师拿走2个盒子，逐一摆好剩下的3个盒子，请学生观察并拍出节奏“X X | X 0 |”。

二、学唱歌曲，感受新年

（一）敲锣打鼓，自主探究

1. 学生用“X X | X 0 |”节奏型为歌曲拍手伴奏。

2. 学生交流：音乐给人怎样一种感觉。

3. 教师揭示课题《过新年》，并交流：新年里我们会做些什么，你的家乡有些什么习俗。

4. 教师请学生演绎，问：谁来演一演怎么打鼓？（个别学生表演。）

5. 教师演绎敲锣打鼓：咚咚 咚咚 | 锵 0 | 咚咚 咚咚 | 锵 0 |。（“咚”拍腿，“锵”拍手。）

6. 教师弹奏第一、二乐句旋律并演唱歌词“咚咚 咚咚 | 锵 0 |”的部分，学生聆听、辨别音的高低，问：两个锣鼓声，哪个音调高一点，哪个音调低一点？

7. 学生再听，听到音调高的锣鼓声时拍手，听到音调低的锣鼓声时拍腿。

8. 学生聆听教师弹奏，听出锣鼓声的旋律。（学生听出后，教师出示曲谱。）

6 i̇ 6 5 | 3 5 | (6 6 6 6 | 6 0) |

6 i̇ 6 5 | 3 5 | (2 2 2 2 | 2 0) ‖

9. 师生接唱曲谱。

10. 学生自主探究锣鼓声：完整聆听歌曲，找找锣鼓声。（第一遍，听到锣鼓声时举手；第二遍，闭上眼睛听，听到锣鼓声时举手。）

11. 学生再次听歌曲。师：听出哪几处是我们前面敲过的锣鼓声？（在歌谱中用一种颜色的底纹表示。）

12. 学生找出不一样的锣鼓声，念一念，拍一拍。（在歌谱中用另外两种颜色的底纹表示。）

（1） X X | X X X ‖
咚 锵 咚咚 锵

（2） X X | X X 0 | X X | X 0 ‖
咚 锵 咚锵 咚 咚 锵

（二）喜贴春联，解决难点

1. 选春联。师：过新年家家户户都要贴春联，这首歌曲中哪两句歌词像一副春联？小朋友选一选。（根据学生选择，教师即时反馈。）

2. 贴春联（出示图片）：

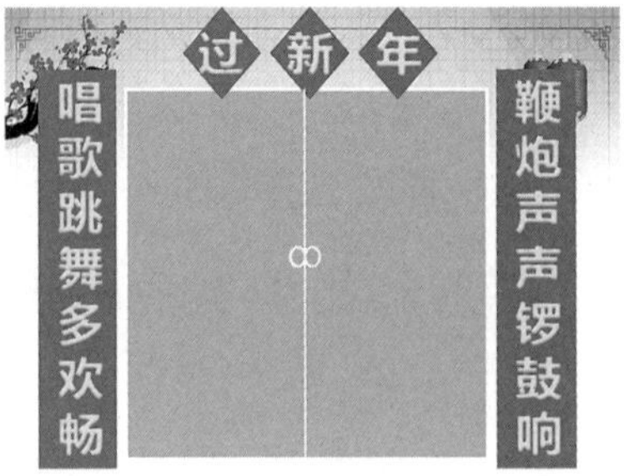

3. 读春联:教师读上联,学生读下联,学生根据教师提示的速度、力度、情绪进行接龙。

4. 师生唱春联。

(三)演唱歌曲,分享快乐

1. 师生接唱:教师演唱第二乐句,学生接唱第三乐句“鞭炮声声锣鼓响”。

2. 生生接唱1:第一组学生演唱第二乐句,第二组接唱第三乐句“鞭炮声声锣鼓响”。

3. 生生接唱2:男生演唱第二乐句,女生接唱第三乐句“鞭炮声声锣鼓响”。

4. 学生完整演唱歌曲,表现欢快的情绪。

三、综合表演,欢庆新年

1. 学生认识打击乐器——小鼓、小锣,教师介绍演奏方式。

2. 教师请两位学生合奏表演,为歌曲伴奏。伴奏固定节奏型如下:

鼓:X　X | X　0 ‖

锣:0　0 | 0　X ‖

3. 红绸舞表演。师:中国年丰富多彩,除了用唱歌、敲锣打鼓来庆祝以外,还有很多喜庆的方式,老师准备了红绸带,你会怎么表演?(个别女生表演。)

4. 秧歌舞表演。

(1)教师表演秧歌舞。

(2)教师介绍秧歌舞(出示图片并介绍)。

(3)学生感受学习秧歌经典舞步——十字步。

5. 舞龙灯。师:除了唱歌、敲锣打鼓、扭秧歌,还可以做什么?(学生回答后教师请几位学生表演舞龙灯、舞狮子。)

6. 欢庆新年歌表演:女生舞绸带,男生用身体打击乐表现敲锣打鼓,两名学生用锣鼓合奏,部分学生舞龙灯,教师扭秧歌。

（指导:徐惠琴;执教:王艳）

注:本课例是杭州市天水小学音乐教师、徐惠琴名师智慧空间站学员王艳老师在浙江省教育厅教师培训项目“音乐教师核心素养培育能力提升”教学观摩活动、杭州市下城区中小学音乐“音乐作品解读与教学设计”研讨活动中执教的小学低年级演唱教学展示课。

教学反思

《过新年》一课带给学生和听课老师欢乐的同时也带给自己满满的感动和收获。原本非常普通的内容,在徐老师的精心指导下,浸润于体验式学习,满足了学生的探究欲,化“被动学习”为“能动学习”,让学生变得更加主动和自信。

《过新年》经历了多次磨课,刚尝试运用小盒子做节奏游戏时总不尽如人意,节奏与歌曲不契合,还把自己变成了“砖家”,全程“王老师说、王老师觉得、王老师告诉大家……”我的“不放手”使学生极少有积极主动地去思考,去表现音乐的心理意向。因此整堂课的课堂气氛杂乱,教学呈现虚浮状。

在几番观课议课以后,我最大的进步是开始慢慢体会到徐老师提倡的体验式学习的内涵。徐老师在《中小学音乐课堂体验式学习模式的建构》一文中说道:“精彩的教学其视点一定是‘学生’,体验式学习的音乐课堂应该是每一个学生精彩表现的天地。教师必须摒弃‘接受式学习’中教师主导的听讲教学,深思并践行‘如何催生学生自主性与主体性,使其高度参与学习,投入地与他人交流,投入地表现自己。’”对于这段话,我自然联想到《过新年》课例中鼓和锣的合作演奏环节。在以往的教学中,我习惯按照歌曲节奏型来设计打击乐器伴奏,却忽视了音乐的层次感和恒拍感。《过新年》一课的乐器伴奏,徐老师建议用“X X | X 0 |”和“0 0 | 0 X |”的固定节奏型合奏,给学生以恒拍感、内心听觉的锻炼。看似简单的节奏,对学生来说并不那么简单。在展示课中,有个男生第一次找不到节奏,第二次偶尔能找准。我觉得可以了,没想到徐老师说“让他再来一次,试试看。”于是,男生第三次演奏,完全正确,他胖胖的小脸绽放出笑容,观课老师们由衷地把掌声送给他。这三次体验感受过程,就是这个学生形成学习能力,唤起潜能的途径,也成为我这堂课的精彩时刻,而这份精彩来自徐老师一直秉持的“给孩子多一点时间和空间”。感谢徐老师,让我感悟到任何教学过程都不是走过场,任何公开课都不是演过场,所有的

一切必须真实。特别是教师在执教过程中遇到和自己期望值有偏差的环节时，更加不能慌乱，不能点到即止，而是要脚踏实地地去渗透，让学生经历“真实的学习”！

音乐教育家奥尔夫曾说过：“对于音乐教育，我最终关注的不是音乐，而是能让人产生愉悦的、精神的探讨。”我相信只要让学生保持一种对音乐学习的积极心态和愉悦体验，让他们真正感受音乐、享受音乐，就能把音乐课堂变成学生精神世界的家园，如徐老师说的那样——“让音乐课堂成为感悟美好的磁场”！

（王艳）

例三　《草原就是我的家》
——表现/音乐与相关文化

课　　型:演唱为主的综合课。

年　　级:二年级。

课　　时:1 课时。

教学内容

教材内容:“人音”版义务教育教科书·第四册第四课演唱作品《草原就是我的家》。

课外资源:《呼伦贝尔大草原》(女声独唱)。

教材分析

《草原就是我的家》是一首蒙古族短调民歌,$\frac{2}{4}$拍,六声羽调式,一段体结构。歌曲节奏规整,旋律明朗,八度、五度的跳进音程更增添了曲调起伏有致的动感,歌词朗朗上口,优美生动。歌曲表现了蒙古族儿童赞美草原、热爱家乡的质朴情感。

学生情况分析

二年级学生形象思维丰富,乐于参与表演,对节奏的感受力较强,能够通过身体动作对节奏和旋律做出反应。本课对此设计了情境性的节奏感知活动。在演唱方面,需要通过一些形象直观的活动指导学生的歌唱位置、歌唱状态等。这首歌曲的八度、五度跳进音程的音准与演唱对二年级学生来说不太容易准确把握,教学中也需要教师关注与指导。

教学目标

1. 用明亮的音色、自豪的情感、连贯优美或短促有力的声音有感情地演唱歌曲《草原就是我的家》,表达草原孩子对家乡的热爱。

2. 在聆听、律动表演、演唱等活动中熟悉歌曲旋律,感知“$3\quad 6\quad \underset{\cdot}{6}$”的音高,感受蒙古族短调民歌的特点。

3. 在模唱、演唱等音乐活动中学习歌唱时正确的姿势、良好的呼吸和准确的发声。

教学重点

用明亮的音色、自豪的情感、连贯优美或短促有力的声音有感情地演唱歌曲《草原就是我的家》;感知“3　6　$\underset{\cdot}{6}$”的音高,感受蒙古族短调民歌的特点。

教学难点

歌曲第三、四乐句中八度、五度跳进音程的音准。

教学准备

多媒体课件、双响筒(1个)、筷子(40双,可根据班级学生实际人数增减)。

教学过程

一、组织教学,创设意境

师生聆听歌曲《呼伦贝尔大草原》,有节奏地边敲筷子(X　X　| $\underline{X\ X}$　X　|)边走进教室。(播放音乐:《呼伦贝尔大草原》。)

筷子表演动作:

第一段,动作1:双手直臂在头顶用硬腕动作按“X　X”的节奏敲击筷子;动作2:按“$\underline{X\ X}$　X”的节奏轻敲双肩(动作1、动作2交替进行)。

第二段,动作1:左腿单膝跪地,双手按“X　X”的节奏敲击凳面;动作2:按“$\underline{X\ X}$　X”的节奏在身体右侧敲击筷子(动作1、动作2交替进行)。

二、节奏感知,学唱旋律

1. 教师播放《草原就是我的家》伴奏音乐,欣赏图片,问:草原上有哪些有趣的活动?

2. 做节奏游戏,熟悉旋律。

(1) 学生用“打响舌”模仿马蹄声(X　X),为歌曲旋律伴奏。

(2) 教师请一位学生敲击双响筒来模仿马蹄声。

(3) 生生合作1:一名学生敲击双响筒,其他学生“打响舌”,合作为歌曲旋律伴奏。

(4) 生生合作2:一名学生敲击双响筒,一组学生打响舌,一组学生用筷子敲节奏“X　X”,合作为歌曲旋律伴奏。

(5) 教师出示节奏,问:刚才是按照哪一种节奏演奏的?拍一拍节奏②。

① $\frac{2}{4}$ $\underline{X\ X}$　$\underline{X\ X}$ |

② $\frac{2}{4}$ X　X |

（6）生生/师生合作3：几位学生排成一列与教师一起按照节奏②随歌曲旋律表演小马散步，其他学生用“打响舌”伴奏。

（7）师生随歌曲旋律表演小马跑步：部分学生与教师一起按照节奏①跑动。

（8）师生读节奏①：$\underline{\text{Titi}}$ $\underline{\text{Titi}}$ ‖ 。

（9）师：小马跑起来了，我们也来赛一赛。学生随伴奏音乐按节奏①轻轻敲筷子。

（10）生生合作4：随《草原就是我的家》伴奏音乐合奏——第1组学生按节奏②敲筷子，表现“小马散步”；第2组学生按节奏①敲筷子，表现“小马跑步”。

3. 演唱旋律。

师：小马跑累了休息一下，我们停下脚步，看看蓝天白云。（教师演奏钢琴，出示多媒体课件图片。）

（1）同一音高模唱。

① 教师用“lu”模唱风声。（**6**的音高，全音符。）

师：谁能用线条把老师唱的风声画出来？

生：————

师：风声长长的，很连贯，小朋友也来唱一唱。（学生用lu模唱。）

② 教师画线条：— — — —

师：谁来唱唱这样的风声？

生：lu lu lu lu

（2）教师演奏歌曲旋律，学生用连贯的声音、用“lu”模唱微风阵阵。

（3）学生听辨第一、三、四乐句中第1、2小节的旋律。（听出后，教师逐个出示曲谱。）

① $3\quad 3 \mid 6\quad 6 \parallel$　② $6\quad \underset{\cdot}{6} \mid \underline{1\,2}\ 3 \parallel$　③ $3\quad \underset{\cdot}{6} \mid \underline{1\,2}\ 3 \parallel$

（4）师：这几个音组是由哪几个音组成的？

（5）复习“$3\quad 6\quad \underset{\cdot}{6}$”：学生做一做柯尔文手势并演唱三个单音→手势辅助感受旋律进行，教师指导演唱：“$3\quad 6$”上行；“$6\quad \underset{\cdot}{6}$”下行；“$3\quad \underset{\cdot}{6}$”下行。

（6）学生再次用“lu”完整模唱歌曲旋律。

三、学唱歌曲，激发情感

1. 朗读歌词。

（1）学生交流：用一个词或一句话来描绘大草原。

（2）教师出示歌词，配乐朗读。（播放《草原就是我的家》伴奏音乐。）

（3）个别学生朗读，学生评价，教师指导。

（4）生生合作5：朗读歌词。

第一遍由一位学生朗读，第二遍由几位学生朗读，第三遍全班朗读并表演。

2. 学生跟钢琴伴奏学唱歌词。

3. 教师指导演唱：用明亮优美的声音、自豪的情绪以及连贯的或短促有力的声音演唱歌曲，并由学生即兴编创表演动作。

第一句“蓝蓝天空飞彩霞”：用长线条的感觉来唱，声音连贯、优美。

第二、三句：用短横线的感觉来唱，声音短促，表现出神气、带劲的状态。

第四句“草原就是我的家”：用长线条的感觉来唱，声音连贯，表达对草原深深的热爱。

4. 学生完整地、有感情地跟钢琴伴奏演唱。

5. 学生跟录音伴奏表演唱。

6. 学生背唱歌曲。

7. 生生/师生合作：表演。

部分学生演唱，一位学生用双响筒伴奏，教师与其他学生用筷子按“X X X”的节奏伴奏并轻声念“驾驾 驾”。

四、告别草原，情感延伸

1. 师生交流：你想对美丽的大草原说些什么。

2. 师生聆听歌曲《呼伦贝尔大草原》，有节奏地敲筷子，一边表演一边出教室。

（执教：徐惠琴）

注：本课例是本书作者徐惠琴老师在教育部国培计划“学科名师谈教学”系列专题课程“名师之路——我的课堂教学”展示、2020年“心系荆楚，名师驰援：百名特级教师公益送教湖北”活动、杭州市名师工程教学能力展示活动中执教的低年级演唱教学示范课例；本课教学设计发表于专著《新课程小学音乐教学课例与评析》；以本课例为主要素材的报告《小学音乐课堂教学设计》曾在浙江省教育厅“百人千场”名师送教活动中作专题讲座交流。

教学反思

《义务教育音乐课程标准》指出：音乐课应充分发挥音乐艺术特有的魅力，在不同的教学阶段，根据学生的身心发展规律和审美心理特征，以丰富多彩的教学内容和生动活泼的教学形式，激发和培养学生的学习兴趣。这就要求音乐教学不仅具有很强的趣味性，而且将趣味性和思想性、知识性有机地结合起来，追求创设“有趣有效有意味”的音乐课堂。

《草原就是我的家》这堂课正是以生动活泼的教学形式凸显“体验式学习”的“有趣”，同时注重知识技能的学习、掌握与充分的情感体验，体现“有效”和“有意味”。具体表现为通过“实践性”“感受性”“探究性”的教学方法，师生、生生间的合作学习以及情境体验，促成师生共同感受、发现、创造、表现和享受音乐之美。

1. 创设情境，强调知识技能的趣味性渗透。

本课紧紧围绕“草原”二字创设情境：小马在草原上散步、奔跑；观赏草原上的蓝天白云，感受草原上微风阵阵；赞美草原、歌唱草原、告别草原。通过一系列的情境创设激发学生学习的兴趣，展开感知旋律、模唱旋律、朗读歌词、学唱歌词等实践活动。比如本课的学唱旋律环节，先是采用了打响舌和敲双响筒模仿马蹄声的方式，用“声响创设情境”；之后通过“小马散步”和“小马跑步”用“表演创设情境”；再通过两组学生用筷子敲节奏的方式表现“小马散步”和“小马跑步”，再次用“声响创设情境”。学生对歌曲旋律的感受、熟悉、记忆，对歌曲速度、情绪等的感知和理解在富有情境的听听、拍拍、走走、演演等有趣的活动中自然地完成了。

音乐知识的学习与技能的运用应结合多种形式的音乐活动充分地展开，让学生通过亲自参与和体验来理解和掌握。对于低年级学生来说，更是如此。比如，在本课的模唱旋律环节安排了“听教师模唱微风的声音→用线条把风声画出来→唱唱连贯优美的风声和短促有力的风声→完整模唱歌曲旋律”等活动，指导学生歌唱时运用正确的姿势、良好的呼吸和准确的发声。在演唱连音的时候启发学生“想象自己的声音从圆圆的小孔中穿过去”，做到轻声歌唱、气息连贯；在演唱非连音的时候采用“把长长的声音剪成一小段一小段（画短小的线条）”的方式，让学生领会非连音要唱得短促。这些方法符合低年级学生的年龄特点，学生很容易领悟。

2. 注重音乐对学生的情感教育。

音乐是心理的、精神的产物，要注重审美中精神智慧的重要作用。本课教学注重引导学生通过音乐实践深入体会和感悟作品所承载的情感信息，唤起他们的情感体验，表现作品美感，丰富和完善学生的情感世界。本课的朗读歌词环节，让学生在“用一个词、一句话描绘大草原”的基础上通过“聆听教师朗读、集体朗读、个别朗读、小群体朗读、再次集体朗读”的多种朗读形式，并结合“你们说出了草原上的孩子对家乡的赞美”“谁再来读一读，让大家听听你对草原的喜爱和赞美”“听了你们的朗读，真想马上去草原看看”“你们好像成了草原上的孩子了”等即时的评价与引导，一次次激发学生的情感，自然流露并抒发出对草原的喜爱和赞美。

3. 突出“协同学习”，发挥“集体的教育力”。

“体验式学习”的各项实践活动注重学生的协同学习。本课教学在节奏游戏、朗读歌词、完整表演等活动中共设计了 6 处“生生合作”环节，学生们互相配合、接纳、激励，发挥“集体的教育力”，提高自身的内在动机，获得自我调控的能力。在教学中，师生之间的“合作交互”也比较充分，教师与学生融为一体，比如教师与学生一起表演“小马散步”“小马跑步”，“学生小老师”和教师共同带领大家合奏，师生合作表演唱等。师生之间弥漫的和谐情境与精神氛围是教育力量的源泉，推动着师生实现共识、共享、共进。

（徐惠琴）

例四　《我的家在日喀则》
——表现/音乐与相关文化

课　　型：演唱为主的综合课。

年　　级：二年级

课　　时：1 课时。

教学内容

教材内容："人音"版义务教育教科书·第四册第四课演唱作品《我的家在日喀则》。

课外资源：《调性音阶练声曲》(伴奏)。

教材分析

《我的家在日喀则》是一首藏族民歌。歌曲为$\frac{2}{4}$拍，五声宫调式。节奏简单，以四分音符、八分音符构成。歌曲的旋律活泼、跳跃，节奏感强，具有很强的舞蹈性，表现了载歌载舞的情景，表达了藏族小朋友歌唱家乡的自豪心情。

学生情况分析

二年级学生喜欢演唱、演奏等音乐活动，有较强的参与愿望；已经学习并掌握二分音符、四分音符、八分音符等基本节奏；能够感知音高，随伴奏模唱歌曲旋律，但是在节奏、音准的准确性上还需要教师给予有效的指导。

教学目标

1. 能用欢快有弹性的声音准确演唱歌曲《我的家在日喀则》，表达藏族小朋友歌唱家乡的自豪心情。

2. 能用"听想"的方法来学唱《我的家在日喀则》的曲谱，辨别音的高低，巩固歌曲节奏。

3. 尝试为歌曲结尾创设二声部演唱，能与同伴交互合作完成歌表演，表现日喀则小朋友载歌载舞的场景。

教学重点

1. 用欢快有弹性的声音演唱歌曲《我的家在日喀则》。

2. 用"听想"的方法演唱《我的家在日喀则》的曲谱。

教学难点

1. "听想"活动过程中演唱是否精准。

2. 歌曲结尾二声部的演唱。

教学准备

音组卡片(4 组)、丝巾(35 条左右)、多媒体课件、钢琴。

教学过程

一、听想活动 1:音阶练唱

(一) 音阶练声

1. 学生听、唱《调性音阶练声曲》进教室。

2. 学生做音阶练声($1—\dot{1}$):完整演唱音阶(1~2 次),每个音唱四拍,注意发声的位置。

(二) 音阶演唱

1. "听想"演唱 1。

师:今天我们来玩一个音阶练声的游戏,我们把小嘴巴和小脑袋分开演唱。小嘴巴唱一个音,小脑袋唱一个音。当小脑袋演唱的时候,小嘴巴不发出声音。

(1) 教师示范演唱音阶($1—\dot{1}$,先上行再下行)。

(2) 学生跟着钢琴用"听想"法演唱音阶($1—\dot{1}$,先上行再下行)。

2. "听想"演唱 2。

师:现在,我们让小脑袋多唱点儿音,小嘴巴唱一个音,小脑袋唱两个音。

(1) 学生跟着钢琴演唱音阶。

(2) 学生脱离钢琴演唱音阶。

二、听想活动 2:学唱旋律

(一) 完整感知《我的家在日喀则》的旋律

1. 模唱第一个音。

师:现在,我们学会用小脑袋演唱音符了,再来尝试一下用小脑袋记忆音符。请记住老师弹奏的第一个音，并用“Bum”哼唱出来。

（1）教师用钢琴弹奏《我的家在日喀则》旋律。

（2）个别学生用“Bum”模唱第一个音。

2. 最大限度记忆旋律。

师：现在，老师再弹奏一次旋律，请你用“Bum”最大限度地模唱这段旋律。

（1）教师用钢琴弹奏《我的家在日喀则》旋律。

（2）个别学生用“Bum”模唱自己能够记忆的部分。

（二）“听想”活动：学唱《我的家在日喀则》曲谱

1. “听想”音组。

（1）观察乐谱。教师出示《我的家在日喀则》的 4 个音组“$\underline{\dot{1}\,\dot{1}}\ \ \underline{6\,\dot{1}}$”“$\underline{1\,1}\ \ \underline{2\,3}$”“$\underline{3\,5}\ \ \underline{3\,2}$”“$\underline{\dot{1}\,\dot{1}}\ \ \underline{\dot{2}\,\dot{1}}$”，学生轻轻地关上嘴巴，在脑袋里唱一唱这 4 个音组。（教师给学生足够的时间，可以用柯尔文手势来提示音的高低和学生一起进行“听想”。）

（2）学生辨别音的高低。师：我们在小脑袋里演唱这 4 个音组时，哪一组音最高，哪一组音最低？

（3）听辨音组。

① 学生判断教师唱的音组：教师用“Bum”按 2、1、4、3 的顺序唱出这 4 个音组，每唱一个音组，请学生判断。

$$\underline{1\,1}\ \ \underline{2\,3},\ \underline{\dot{1}\,\dot{1}}\ \ \underline{6\,\dot{1}},\ \underline{\dot{1}\,\dot{1}}\ \ \underline{\dot{2}\,\dot{1}},\ \underline{3\,5}\ \ \underline{3\,2}$$

② 演唱音组：学生按顺序演唱。（用“Bum”模唱→唱唱名→加入柯尔文手势唱唱名。）

③ 教师演唱音组并在每音组间空出两拍加入拍手、捻指。

④ 学生尝试在空拍处加入动作。

⑤ 学生演唱音组并“听想”节拍。在空拍时不做动作，用小脑袋去想动作。

2. 听音：教师演唱音组，中间的两拍用“Bum”模唱，学生听出唱名。

$$\underline{1\,1}\ \underline{2\,3}\quad 5\quad 5\qquad \underline{\dot{1}\,\dot{1}}\ \underline{6\,\dot{1}}\quad 6\quad 5$$

$$\underline{\dot{1}\,\dot{1}}\ \underline{\dot{2}\,\dot{1}}\quad \underline{6\,\dot{1}}\ \underline{6\,5}\quad \underline{3\,5}\ \underline{3\,2}\quad 1\quad 1$$

3. 感知$\frac{2}{4}$拍。

（1）学生感受强拍：再次用“Bum”完整模唱旋律，加上拍手、捻指动作。

（2）教师出示强拍标记，出示$\frac{2}{4}$拍拍号和小节线。

（3）学生交流$\frac{2}{4}$拍的强弱规律：强、弱。

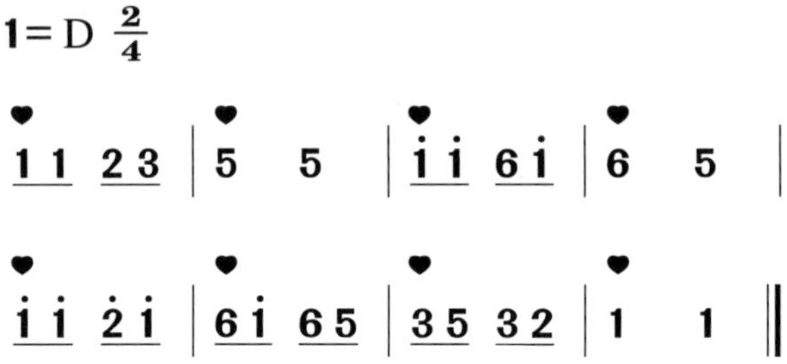

4. “听想”旋律。

（1）学生完整演唱旋律。

（2）学生分句“听想”。

（3）学生完整“听想”旋律。

三、学唱歌曲，抒发情感

1. 教师范唱并表演歌曲《我的家在日喀则》。

2. 教师介绍日喀则（播放视频）。

3. 学生演唱歌词。

（1）学唱“阿索阿索马里拉”。

① 教师范唱。

② 师生交流“阿索阿索马里拉”的含义。

③ 学生演唱并加上表演动作。

（2）学生学唱全曲。

（3）学生加动作表演唱。

（4）结尾加入“巴扎嘿”二声部演唱：

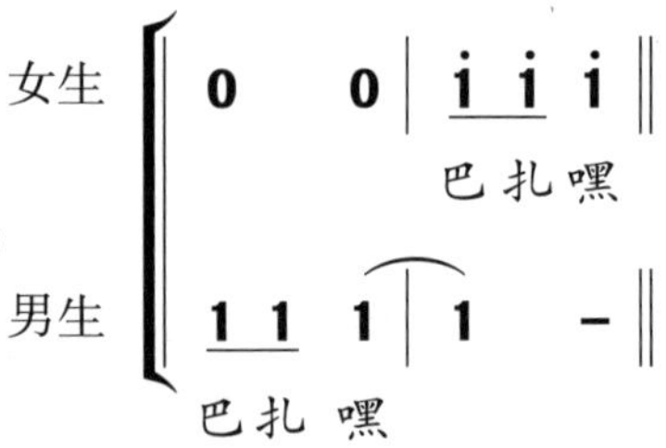

① 男女生分别演唱“巴扎嘿”。

② 全曲演唱,加入“巴扎嘿”。

4. 载歌载舞。

师:日喀则的小朋友正用美丽的五彩哈达欢迎我们的到来,让我们把这份快乐继续传递下去,请拿出你们的五彩哈达。

(1) 学生演唱全曲。

(2) 学生舞动五彩哈达表演唱。

(指导:徐惠琴;执教:汪旭)

注:本课例是杭州观成实验学校小学部音乐教师、徐惠琴名师智慧空间站学员汪旭老师在浙江省教育厅教师培训项目“音乐教师阿卡贝拉集中培训”教学观摩活动、杭州市音乐名师工作室送教活动、杭州市下城区中小学音乐“体验式学习”研讨活动中执教的低年级演唱教学展示课;被选用为杭州师范大学教师培训课程示范课例。

指导教师谈设计

“演唱”是课程表现领域的主要内容之一,是培养学生音乐审美能力的重要途径。《义务教育音乐课程标准》(2011 年版)在一至二年级学段目标中提出演唱教学的目标为“能自然地、有表情地演唱”;在课程内容中提出一至二年级“能够用正确的姿势、自然的声音,有表情地独唱或参与齐唱”“能够采用不同的力度、速度表现歌曲的情绪”等演唱要求。“演”指要有一定的表现能力,“唱”指要有一定的歌唱技能。演唱教学要培养学生“拥有良好的歌唱技能,对歌曲有丰富的表现力和清晰的表达,能够充满信心地、快乐地歌唱”。

教学中,教师要给予学生实际的帮助,如良好的歌唱习惯、正确的歌唱技能、细微的感受与表达、自信快乐的歌唱态度等。这些,要通过学生在参与演唱活动的体验中达成。《我的家在日喀则》这节课是低年级歌唱教学“体验式学习”的研究课例,本课研究要点是“关注演唱中的聆听”,采用的方式为“听想”。

普通学校班级演唱教学是集体性的,要求整齐、优美、和谐。教师往往把演唱中出现的问题归结于“唱”的能力与学生自身声音条件和乐感能力,而忽略了一个最重要的原因——聆听。演唱中的问题有很大一部分原因是学生缺乏聆听,没有好的聆听习惯。“聆听”是演唱的重要前提，因此，我们要关注学生“演唱中的聆听”，要让学生学会聆听，包括音响的聆听与内心听觉，要从低年级就注重并予以培养。

“预备听想”是美国当代著名音乐教育家埃德温·戈登音乐教育理论中最核心的概念。戈登认为“预备听想”是指人们听到音乐信息后，在脑中进行记忆并处理这些听觉信息，比较熟悉和不熟悉的音乐模式并思考其中的关系，从而形成音乐意象(Music Imagery)的过程。本课尝试用“预备听想”这一新方法展开《我的家在日喀则》的学习。

在音阶练声中初试“听想”：把“听想”加入到练声环节中，不仅能提高学生的专注力，使其能更快地融入到音乐课堂，更主要的是通过“听想”练声，提高学生对音准、节奏等方面的把控能力。

在识读乐谱环节再探“听想”：把“听想”与识读乐谱相结合，学生对曲谱的演唱更加精准，对旋律的记忆也更为深入。学生从观察曲谱到模仿演唱曲谱，再到记忆曲谱，最后到“听想”旋律，整个过程由易到难，学生的注意力几乎都集中在曲谱上，不断地尝试建立自己的内心听觉。在这个过程中，教师及时发现并纠正学生的音准问题，有效帮助学生提高“辨音”能力。

在“听想”时，旋律依旧是进行的状态，音高始终存在于脑中。学生需时刻关注节奏、旋律等音乐要素并展开探索实践，从中感受并理解音乐，从而能够更好地表现歌曲，这一过程正是学生掌握演唱技能的过程。我们希望通过“听想式演唱”的教学实践，有效提高学生音准、节奏等歌唱素养，加强学生内心听觉，发展其音乐的感知能力、记忆能力和表现能力，自信快乐地歌唱！

（徐惠琴）

例五　《三只小猪》——感受与欣赏/创造

课　　型：欣赏课。

年　　级：二年级。

课　　时：1 课时。

教学内容

“人音”版义务教育教科书·第四册第八课欣赏作品《三只小猪》。

教材分析

管弦乐《三只小猪》是一首轻音乐，轻松、幽默、略带诙谐。乐曲在小猪的欢叫声中拉开序幕，随后短笛奏出轻盈、跳跃的主题旋律，小猪的叫声在音乐的弱拍上应和，显得生动有趣。主题旋律重复一次之后，小提琴奏出较为舒缓、优美的第二部分旋律。紧接着的乐段是带有附点节奏的模进旋律，这部分两个乐段分别由不同乐器重复奏出。第三部分再现了第一部分的音乐，最后在小猪的欢叫声中结束了全曲。

学生情况分析

二年级的学生好奇心强，活泼好动，善于模仿，可塑性很强。但他们有意注意的时间较短，因此在欣赏过程中需要有新鲜的事物吸引他们的注意力，保持学生在欣赏中注意力的连贯性。欣赏环节也必须紧凑，环环相扣，循序渐进，只有这样才能使学生获得对乐曲全面的聆听和感悟。

教学目标

1. 能够专注聆听管弦乐《三只小猪》，体会音乐生动、有趣、幽默的风格，想象与表现三只小猪盖房子的景象。

2. 能够在聆听、表演、模唱、伴奏等活动中听辨各部分音乐所表现出的音乐形象，在反复聆听中感知乐曲情绪，能够自信地随音乐进行表演。

3. 能够在教师指导下听辨出小提琴、吉他的音色;能够与同伴合作表演不同的场景;在创编活动中乐于分享自己的见解。

教学重点

感受音乐生动、有趣、幽默的风格,记忆主题旋律;听辨各部分音乐所表现的音乐形象。

教学难点

辨析各音乐主题并进行情境性表演。

教学准备

多媒体课件、小猪头饰(3 个)、碰钟(3 对)、手风琴(1 架)。

教学过程

一、说唱导入,引出主角——小猪

1. 教师以故事说唱的形式导入课程(课件出示相应的内容)。

2. 学生听辨模仿小猪。

二、情景再现,欣赏音乐——《三只小猪》

(一) 故事情景:猪老大盖房子

1. 欣赏主题音乐(情景:猪老大出场)。

(1) 学生听辨主题音乐,辨析音乐表现的形象(猪老大的好心情)。

(2) 学生模仿猪老大开心的叫声(动作+叫声)。

2. 欣赏第二部分音乐(情景:猪老大盖房子)。

(1) 学生模仿盖房子(学生自主创编运稻草、盖屋顶的动作)。

(2) 学生跟着音乐模仿盖草房子的动作,用动作记忆第二部分音乐。

(3) 学生聆听第二部分音乐,听辨演奏乐器:小提琴。

（二）故事情景：猪老二盖房子

1. 再次欣赏主题音乐（情景：猪老二出场）。

（1）学生再次欣赏主题音乐，听辨音乐所表达的意境。

（2）学生聆听打击乐器“碰钟”在音乐中表现的情境。

① 教师用碰钟敲击节奏“X　X | X X X |”，请学生用“Ta、Ti”来念这个节奏。

② 学生尝试书写“X　X | X X X |”，教师纠正指导。

③ 教师请个别学生用碰钟按照“X　X | X X X |”的节奏模仿敲钉子。

2. 再次欣赏第二部分音乐（情景：猪老二盖房子）。

（1）学生再次聆听第二部分音乐，记忆主题旋律。

（2）学生跟着音乐模仿盖房子敲钉子的动作和音效。

（3）学生听辨乐器并模仿演奏——吉他。

（三）故事情景：猪老三盖房子

1. 第三次欣赏第二部分音乐（情景：猪老三出场）。

（1）学生第三次聆听第二部分音乐。

（2）学生跟着音乐用动作表演模拟盖砖房子。

（3）学生再次辨析演奏乐器：小提琴。

2. 第三次欣赏主题旋律（情景：猪老三盖房子）。

（1）学生聆听主题旋律，教师演唱《盖房歌》。

（2）学生分角色演唱《盖房歌》。

（四）完整欣赏乐曲《三只小猪》

1. 学生完整欣赏乐曲。

2. 学生分角色模仿、表演，完整感知、表现乐曲描绘的情景和音乐形象。

三、意境变化，故事新编——新《三只小猪》

1. 教师用手风琴演奏两段意境不同的乐段，学生欣赏。

2. 学生创编《新三只小猪》的音乐故事，交流分享并随音乐做个性表演。

（指导：徐惠琴；执教：董颖）

注：本课例是杭州市京都小学音乐教师、徐惠琴名师智慧空间站学员董颖老师在浙江省教育厅教师培训项目“小学音乐教师多元教学方法运用能力提升”教学观摩活动、杭州市下城区中小学音乐“体验式学习”研讨活动中执教的低年级欣赏教学展示课；被选用为杭州师范大学教师培训课程示范课例；以本课例研究为素材撰写的论文《直觉、感知、内化：小学低段“音乐绘本浸润式”欣赏的实践探究》获得2019年杭州市下城区中小学音乐教学论文评比一等奖；相关课题《指向高阶思维培养的“绘本浸润式”音乐欣赏教学模式的研究》于2019年立项为下城区教育科研课题。

教学反思

管弦乐作品《三只小猪》刻画了三只小猪的可爱形象，绘本《三只小猪》是学生非常熟悉和喜爱的童话故事。因此，就有了绘本式音乐欣赏的思路：在音乐欣赏教学中借助故事绘本，用形象的故事人物、情节、语言、画面，为学生营造一个身临其境的氛围，将学生带入音乐作品所展现的情境中，在多感官参与下倾听音乐，使学生获得节奏感、力度感、速度感、音高感、音色感、结构感等音乐感知能力的提升。本课以音乐绘本故事的形式，将全曲欣赏分为猪老大盖房子、猪老二盖房子和猪老三盖房子的片段式欣赏，在故事中穿插主题音乐的聆听，从旋律、乐器、情绪等不同角度的听辨，理解音乐所赋予的生动形象，调动了学生的有意注意。亦动亦静的教学过程，让学生沉浸在音乐与故事的意境中，聆听有趣的故事，欣赏美妙的音乐。

教学要“有趣”，更要注重“有效”，要关注教学目标的落实。通过欣赏《三只小猪》，体会音乐生动、有趣、幽默的风格，表现三只小猪盖房子的生动形象，能够让学生感受劳动带来的快乐，这是本课的“情感目标”。“过程与方法”主要是让学生在聆听、表演、模唱、伴奏等活动中听辨各部分音乐所表现出的音乐形象，在反复聆听中感知乐曲情绪，并对主题音乐进行识记、记忆和再现，从教学效果来看，学生能够通过实践性、探究性的学习辨别出三只小猪的出场音乐和故事情节的变化。“知识技能目标”主要是能在教师指导下听辨出小提琴、吉他的音色，能够与同伴合作表演不同的场景，在创编活动中乐于分享自己的见解。从整体教学效果来说，这些目标都能够达成。

这节课，从最初不够清晰的教学设计到能够完整地呈现，感谢徐老师一次又一次的修改和手把手的指导，这节课的研究过程让我有许多感触。徐老师一再强调教学中要“关注学生”，但我在最初的设计中缺乏“学生视角”，总是从教师的角度去设计形式、方法、手段。在几次失败的教学后，我一遍遍聆听徐老师每一次的评课录音，一次次改进。当我在课堂上越来越得心应手时，我才感悟到“关注学生”是多么重要。于是，课堂上开始有了猪老大的叫声、有了猪老二的敲钉子声、有了猪老三的歌声……在徐老师的“严苛”与“爱护”下，《三只小猪》一次次走向成熟，走向灵动。之后，又有了手风琴演奏“主题变奏”的想法，有了《新三只小猪》的创编。

儿童的世界是五彩缤纷的，只有站在学生的角度不断探究，才能领悟音乐课堂的真正意义，才能走进学生的内心，让他们爱上课堂，爱上音乐。

（董颖）

例六　《草原上》
——表现/创造/音乐与相关文化

课　　型:演唱为主的综合课。

年　　级:三年级。

课　　时:1课时。

教学内容

教材内容:“人音”版义务教育教科书·第五册第二课演唱作品《草原上》。

关联资源:《挤奶舞》(器乐曲)。

课外资源:《呼伦贝尔大草原》(女声独唱)。

教材分析

《草原上》是一首优美抒情的内蒙古短调民歌,$\frac{4}{4}$拍,五声羽调式。歌曲的音乐语言十分简练,八个小节,两个乐句。歌曲节奏舒展,旋律优美,旋律线条以抛物线型为主,歌词朴实而生动。歌曲形象地勾勒出一幅风和日丽、绿草如茵的草原风光,抒发了牧民愉悦的心情和热爱家乡、赞美家乡的情感。

学生情况分析

三年级学生处于音乐感知能力发展的最佳时期,对节奏、旋律有较强的感受力和表现力,但气息支撑能力还不是很强。这首歌曲的节奏、旋律比较容易掌握,重点在演唱的气息上。歌曲有几处大跳音程,还有长时值音的保持,在学唱中需要教师指导。在节拍的认知上,三年级学生对四拍子的接触与感受较少,可以运用身体打击乐表演让学生感知四四拍子的强弱规律。

教学目标

1. 能用甜美的声音、愉悦舒畅的情绪、连贯的气息演唱歌曲《草原上》,用歌声表现美丽的草原风光,抒发牧民对家乡的热爱和赞美之情。

2. 认真聆听、辨别两个乐句旋律的异同,并运用视唱、模唱等方法学会演唱;运用身体打击乐、律动表演、乐器伴奏等方式感知和表现歌曲的节拍韵律、节奏特点以及歌曲描绘的意境。

3. 唱准“3 5 6”三个音的音高;注意五度、七度等跳进音程的音准和长时值音的气息保持;认识二分音符,能准确掌握二分音符的时值。

教学重点

用甜美的声音、愉悦舒畅的情绪、连贯的气息演唱歌曲《草原上》。

教学难点

五度、七度跳进音程的音准;每个乐句四拍长时值尾音的气息保持。

教学准备

钢琴、多媒体课件、金杯鼓(1个)、三角铁(2个)、双响筒(1个)、棒铃(1个)。

教学过程

一、导入部分

学生聆听音乐进教室,随教师的鼓声拍出不同的节奏。(播放音乐《挤奶舞》。)

二、听唱部分

1. 教师用木琴分别演奏“3 3 3 –”“5 5 5 –”“6 6 6 –”,学生用“lu”模唱。

2. 教师演奏单音,学生听唱“3 5 6”,并运用柯尔文手势辅助演唱的音准。

3. 教师即兴演奏音组,学生听唱:如“3 3 6 –”“6 6 5 –”“5 6 3 –”。

4. 个别学生用“3 5 6”三个音按照“X X X –”的节奏即兴演奏音组,其他学生听唱。

5. 教师用“lu”模唱《草原上》旋律,学生听辨:两句旋律哪里相同,哪里不同。

三、感受部分

(一) 感受旋律特点

1. 学生随琴声用“lu”轻声哼唱旋律。

2. 教师出示曲谱并演唱,请一位学生把音符按演唱顺序连起来。

3. 学生随教师的演唱用手画图形谱。

4. 教师分别视唱两个乐句的相同部分与不同部分，指导学生用连贯优美的声音演唱曲谱。

5. 教师指导演唱气息：乐句换气处；长时值音保持处。

6. 学生完整地用“lu”模唱全曲。

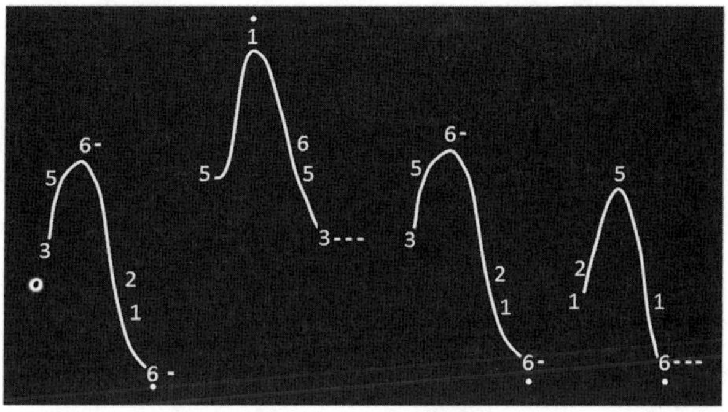

（二）感受节拍韵律

1. 学生随音乐用拍手、捻指、拍腿、捻指的方式感受节拍韵律。

2. 师：音乐带给你怎样一种感觉？

3. 学生用双响筒尝试演奏“X　X　X　X”和“X　XX　X　X”的节奏。

4. 学生随伴奏音乐表演：一位学生用双响筒演奏“X　XX　X　X”的节奏，其他学生用身体打击乐表演“X　X　X　X”的节奏。

（三）感受节奏特点

1. 教师念节奏“X　X　X　－ | X　X　X　－ | X　X　X　X | X　－　－　－ |”，学生听出节奏的长短。

2. 教师念节奏，学生在听到长时值节奏时举手。

3. 学生用即兴动作表示长时值节奏“X　－”和“X　－　－　－”。

4. 教师出示曲谱，学生轻声读节奏。

5. 学生认识二分音符“X　－”，读一读，拍一拍。

6. 学生在身体的不同部位拍一拍节奏“X”。

7. 学生随伴奏音乐按节奏做身体打击乐和律动表演。

四、学唱部分

1. 学生想象乐曲描绘的内容并交流。

2. 教师出示草原图片，学生聆听范唱。

3. 学生朗读歌词，做动作表演：第一遍童谣式读，第二遍朗诵式读。

4. 学生学唱歌曲，教师指导演唱。

（1）跟琴学唱。

（2）学生回忆图形谱，用连贯优美的声音演唱；教师指导乐句换气。

（3）教师指导学生结合表演动作，唱好“闹”和“好”的四拍长音。

（4）教师指导节拍强弱规律，学生回忆身体打击乐表演，唱出悠然自在的感觉。

5. 学生随伴奏音乐完整演唱歌曲，做动作表演。

6. 乐器伴奏。

（1）教师边读词边敲三角铁（X – – –）：蓝天－－白云－－阳光－－微风－－。

（2）教师请两位学生尝试演奏三角铁。（教师清唱第一乐句，学生试奏。）

（3）学生用双响筒伴奏：X XX X X。（教师清唱第一乐句，学生试奏。）

（4）学生用三角铁、双响筒尝试合奏。

（5）学生用棒铃伴奏：由学生即兴创编节奏，如“XX X XX X”。

（6）学生完整演唱与表演，用三角铁、双响筒、棒铃等乐器伴奏。

（五）欣赏部分

1. 师生交流、分享自己的感受。

2. 学生聆听歌曲《呼伦贝尔大草原》，欣赏草原美丽风光。

3. 学生聆听歌曲《呼伦贝尔大草原》，随教师的鼓声边走边拍“X X XX X”。

（执教：徐惠琴）

注：本课例是本书作者徐惠琴老师在教育部国培计划“学科名师谈教学”系列专题课程“名师之路——我的课堂教学”展示、浙派名师经典课堂“理解儿童，快乐体验”教学艺术展活动中执教的中年级演唱教学示范课例；本课教学设计发表于《中小学音乐教育》杂志2015年第8期；相关课题《小学民族音乐“参与-体验”教学模式的应用研究》于2015年立项为浙江省教育科学规划研究课题；课题成果获评杭州市第31届教育科研优秀成果；论文《小学民族音乐“参与-体验”教学模式的实践与研究》发表于《中小学音乐教育》杂志2016年第10期和专著《基于核心素养的十个课堂样本》，2019年10月在中国第二届音乐教育大会作论文宣读。

观课议课

在浙派名师经典课堂“理解儿童，快乐体验”教学艺术展活动中，我执教的《草原上》一课受到观课专家与教师的肯定与好评。课后，我组织区域青年骨干教师展开议课，以下为本课“教学方法运用”的相关议课记录。

魏：在《草原上》一课中，徐老师在很多环节用到了鼓，给老师们留下很深刻的印象。

罗：我也印象深刻，很多老师在短信互动中都提到了。有位老师说，徐惠琴老师的课充分发挥了奥尔夫教学中节奏教学的优势，用鼓引导学生进行了各种节奏即兴创编，从而巧妙地完成了歌曲节奏教学和歌曲二声部的伴奏，节奏的渗透有趣，避免了知识技能教学的枯燥，值得学习。

魏：还有一位老师说，这一课让她印象最深刻的是导入环节设计的非洲鼓的节奏，以及身体律动。在最后乐器伴奏的环节又加入了非洲鼓的节奏，前后呼应，学以致用，非常好！

徐：在导入、感受节拍韵律、朗读歌词、演唱与表演以及出教室等环节我都设计运用了鼓的伴奏，我们来回顾几个片段。

徐：在进出教室的环节，鼓的伴奏对于调动学生情绪、营造学习氛围起到很好的作用。这在歌曲的伴奏中是不是合适，有些老师觉得和歌曲的意境不是太吻合，可以再作斟酌。当时我自己在设计的时候也是考虑到的，但是从几次试教的课堂反应来看，学生们喜欢，这是他们非常感兴趣的一个环节，我就保留了这个设计。所以，在平时的教学中，我们设计、选择、运用方法的时候，可以去问问学生的感受，根据学生的感觉来调整。

吴：徐老师，这课的歌词朗读你用了两种不同的读法，为什么这样设计呢？

徐：是的，我是根据歌词的特点和学生的特点设计的两种不同的读法。第一遍是童谣式读，配上鼓声伴奏；第二遍采用按节奏朗诵式读，边读边加上律动表演。我们来回顾一下这个片段。

徐：你们来分析一下我设计这两种读法的意图吧。

吴：一般在演唱教学中，我们都是采用按节奏读歌词的方法，这样能帮助学生掌握歌曲的词曲对应吧。

魏：演唱的时候节奏不容易出错。

徐：说说童谣式读法吧。因为《草原上》是一首短调民歌，结构规整，歌词押韵，朗朗上口，童谣式读法很适合孩子，突出了情趣性，学生喜欢，中低年段的很多歌曲都可以用这样的读法，这一遍朗读是让学生熟悉歌词。第二遍的朗诵与表演，主要是让学生从语气、动作中去感受歌词描绘的意境，体会情感，还有一个意图就是用动作来提示学生做长时值音的保持（演示“草原好热闹”），你们看，歌词、节奏、动作紧密结合，为准确演唱作铺垫。从教学效果来看，这两种方法的运用都起到了应有的效果。

陈：很多时候，我们只是简单地想着用什么样的方法能更出彩、更吸引人，其实，方法要用得恰当，还是要从学生的角度出发。

徐：赞一个，会思考。“关注音乐”“关注学生”是我们在“体验式学习”中始终坚持的思想。很高兴，《草原上》一课能够带给老师们很多启发。（回顾教师短信互动。）

短信1：徐老师的课堂使人通过各种意境走进美丽的草原，让学生在课堂上真正地感知地域特色，把课堂充分地交给学生，棒！

短信2：这是一场听觉和视觉的飨宴，更是一次难得的快乐体验，不论是节奏的变化，旋律的感受，还是意境的感悟，徐老师都紧紧地抓住了本次艺术展的主题“快乐体验”，让学生不断地在快乐中体验、学习，让音乐在他们心中留下了一个非常美的印象……

徐：“把课堂充分地交给学生”“让学生不断地在快乐中体验、学习”，从观课教师的短信互动中可以看出教师们对“关注音乐”“关注学生”的高度认识，希望大家在今后的教学中能够时刻关注“儿童视点”，要尽量使自己具备“儿童的精神世界”，“会变回小孩子”。谢谢你们和我一起分享交流！

（徐惠琴）

例七 《维也纳的音乐钟》——感受与欣赏/创造

课　　型:欣赏课。

年　　级:三年级。

课　　时:1 课时。

教学内容

教材内容:“人音”版义务教育教科书·第五册第七课欣赏作品《维也纳的音乐钟》。

关联资源:《在钟表店里》(管弦乐)。

课外资源:《蓝色多瑙河》(管弦乐)。

教材分析

《维也纳的音乐钟》是匈牙利作曲家柯达伊创作的管弦乐组曲《哈里·亚诺什》中的第二段,乐曲夸张而富有童话色彩,描写爱吹牛的老兵哈里从战场上归来,美丽的公主邀请他到维也纳王宫做客时人们欢迎他的情景。钟琴敲打固定音型之后乐曲呈现音乐钟的主题,由木管和钟琴一前一后相隔两拍轮奏,生动地模拟音乐钟的音响。主题共出现四次,每次旋律重复一遍,每遍之间有插部,属于回旋曲式结构。

学生情况分析

三年级的学生学习兴趣浓厚,乐于参加各项音乐实践活动,小组合作意识强。但这个年龄段的孩子活泼好动,自制力较差,注意力保持时间较短。因此,本课围绕“钟声”这一主题,通过听、唱、画、演、创等不同形式的音乐活动,激发学生学习兴趣,使其在积极主动的参与中感受和体验美妙的“钟声”音乐。

教学目标

1. 乐于参与作品欣赏,体会乐曲轻松幽默的风格和童话色彩,产生对音乐学习的兴趣。

2. 能在听、唱、画、演、创等不同形式的音乐活动中熟悉主题旋律，听辨乐器音色，想象音乐形象与情境。

3. 能哼唱“音乐钟”主题音乐，分辨主题音乐和插部，初步感知回旋曲式结构。

教学重点

体会乐曲轻松幽默的风格和童话色彩，感受和体验美妙的“钟声”音乐，听辨出主题音乐和插部。

教学难点

感知、想象和表现主题与插部所表现的不同音乐形象与情境。

教学准备

多媒体课件、主题旋律线图谱（板书）、人物插图（3 张）、音乐钟插图（4 张）、钢琴、钢片琴（低音、中音、高音各 1 架）。

教学过程

一、律动表演，音画导入

1. 师生聆听音乐《在钟表店里》片段，做律动表演进入教室，围圈坐下。

2. 教师介绍维也纳美景（多媒体课件展示）以及音乐家。（背景音乐《蓝色多瑙河》。）

3. 师生谈话导入：有一位叫柯达伊的音乐家也非常喜欢维也纳，离开这里的时候还准备了一件礼物送给维也纳，大家猜一猜是什么呢？

二、欣赏引子部分

1. 学生聆听钟声，讨论音乐钟发出了怎么样的声音。

2. 教师用高音钢片琴演奏“音乐钟”走路的声音（固定音型）。

3. 学生分别演奏高音、中音、低音钢片琴（固定音型）。

4. 学生用“dang”模唱。

5. 学生交流：音乐钟走了几圈。（4 圈。）

6. 师：音乐钟愉快地演奏着，预示着什么呢？学生完整聆听乐曲。

三、欣赏主题音乐

（一）揭题

师：原来是一位刚刚从战场上回来的叫“哈里”的老兵，来到维也纳后到处给维也纳的人们讲述自己的英雄事迹。音乐钟响起，人们为哈里唱起了欢迎歌。

1. 学生聆听主题音乐，感受旋律走向，教师出示图谱。

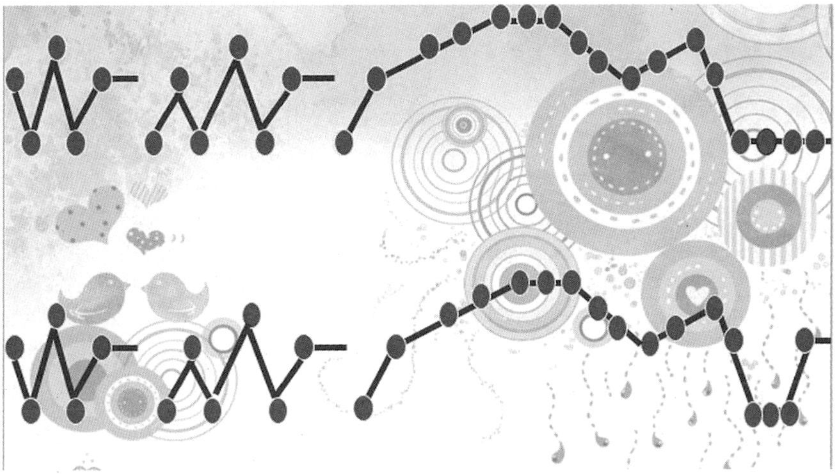

（1）教师弹琴，学生聆听音乐，手指点图谱，感受旋律走向。

（2）师：两句旋律哪里有不同？

（3）教师唱前面的旋律，学生接最后的尾音，听出音高“5”和“$\dot{1}$”。

2. 教师范唱音乐钟的“欢迎歌”：欢迎哈里呀哈，欢迎哈里呀哈，欢迎来到欢迎来到欢迎来到维也纳。

3. 师生合作演唱“欢迎歌”。

4. 学生律动表演。师：大家都想看一看英雄长什么样子，你有什么好办法让哈里在人群中最先看到你欢迎他的样子呢？

（1）学生自主编创欢迎动作并表演。

（2）集体随主题音乐做律动表演。

5. 学生听辨主奏乐器。师：在这段“欢迎歌”中除了钟琴演奏主题之外，还有一样乐器的演奏，你能听出来吗？（学生聆听并交流。）

6. 学生认识单簧管，聆听音色（教师出示课件图片，学生聆听演奏音响）。

7. 学生巩固记忆“音乐钟”主题音乐，初步感受回旋曲结构（“木头人”游戏）：学生随音乐走步变化队形，男生、女生间隔排成四列纵队进入“皇宫大门”，听到音乐钟的“欢迎歌”时向哈里招招手，听到不同的音乐时变成“木头人”，原地不动休息片刻，听到主题再次响起时继续前进。注意聆听音乐钟主题音乐共出现几次。（学生随音乐做律动表演，教师随音乐重复变化出示音乐钟图片。)

四、欣赏插部音乐

(一)欣赏第一个插部:“士兵”形象

师:音乐钟主题音乐出现了几次?(4次。)你们做了几次木头人呢?(3次。)这三个不同的音乐片段代表了故事中三位重要的人物,他们可不是木头人,先来认识一下他们。(教师出示国王、士兵、公主的图片。)

1. 学生聆听主奏乐器,感受音乐形象。

师:第一位欢迎者是皇宫的士兵,他们都非常热情地在城门口欢迎哈里的到来(贴上士兵的图片)。我们来听听这段音乐,是什么乐器演奏的呢?(学生聆听并交流。)

2. 教师介绍小号音色和演奏姿势。

3. 律动表演:学生设计并表演士兵的欢迎动作。

4. 个别男生展示律动表演,记忆第一个插部的旋律。

(二)欣赏第二个插部:“国王”形象

1. 学生聆听音乐,感受音乐情绪,想象人物形象。(学生聆听后交流。)

2. 聆听与感受:学生聆听圆号音色,教师介绍圆号及演奏姿势;学生交流“从圆号音色,想象这是一位怎样的国王。”(交流之后,教师贴上国王图片。)

3. 学生做律动表演:国王的走路姿态。

4. 教师请“小老师”带领全班学生做律动,表演“国王”插部乐段。

(三)欣赏第三个插部:“公主”形象

1. 学生聆听音乐,感受音乐情绪。

2. 学生感受旋律特点。师:最后是小公主(教师贴图),她准备了一段舞蹈,送给英雄哈里,大家觉得她的舞步是怎么样的呢?(学生聆听音乐并交流。)请同学们用旋律线表示这段音乐。(教师请几位学生随音乐在黑板上画一画。)

3. 学生聆听主奏乐器,教师介绍长笛音色。

4. 公主舞蹈:女生随音乐表演。

五、初步了解回旋曲式

1. 教师出示图片并讲解。

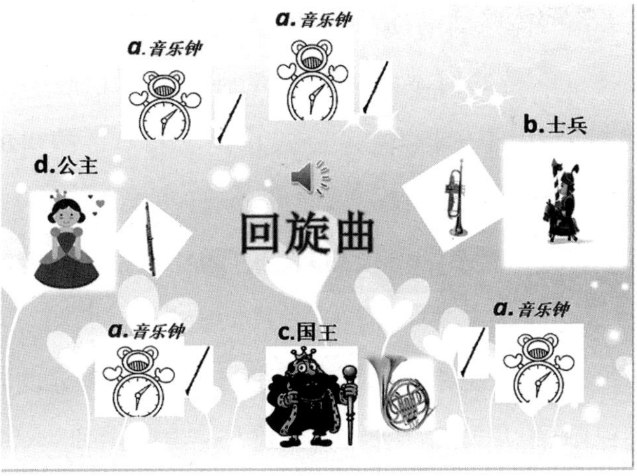

2. 学生聆听全曲，按不同乐段进行相应的律动表演，记忆音乐。在播放尾声音乐时，教师画图谱。

六、欣赏尾声

1. 学生听钟声(看图谱)。师：钟声一共响了几次？声音有什么变化？

2. 学生感受旋律走向，力度、速度的变化。师：音越来越高，力度越来越强，速度越来越快，你觉得这时发生了什么事呢？如果你是哈里你会做什么？

3. 学生交流：做人要诚实，不能撒谎，只有诚实守信，才值得信任，才能真正获得所有人的赏识。

七、总结

1. 教师介绍作曲家柯达伊。

2. 学生听《维也纳的音乐钟》做律动出教室。

(指导：徐惠琴；执教：戴雨桐)

注：本课例是杭州长江实验小学音乐教师、徐惠琴名师智慧空间站乐者圈教师戴雨桐老师在浙江省教育厅教师培训项目“小学音乐教师多元教学方法运用能力提升培训”教学观摩活动中执教的中年级欣赏教学展示课；被选用为杭州师范大学教师培训课程示范课例。

教学反思

三年级的学生学习兴趣浓厚，乐于参加各项音乐实践活动，小组合作意识强。但是这个年龄段的孩子活泼好动，自制力较差，注意力保持时间短，因此在教学中要求教师精心研究充满趣味又富有实效的体验活动,激起学生参与学习的愿望。

《维也纳的音乐钟》一课是如何做到“有趣”的呢？本课以故事发展为线索设计欣赏活动,故事与音乐相互融合:引子(钟声固定音型),预示着童话故事的开始→唱起欢迎歌(“音乐钟”主题音乐)→不同人物出场欢迎(插部音乐)→尾声(钟声的变化),想象故事的结尾。故事性欣赏的形式是三年级学生很感兴趣的,他们在充满趣味的情境体验中学习,通过聆听、模唱、绘画、律动表演、创编等不同形式的音乐活动,感受和体验美妙的“音乐钟”主题音乐,区分主题和插部,想象音乐形象与情境,了解回旋式曲式。

在本课的试教过程中,也出现过一些问题,比如:“国王”和“公主”这两个插部乐段,学生容易混淆。针对这种情况,徐老师对教学又作了改进,增加了“对比聆听”、强化对“圆号、长笛的音色感知”、想象“国王个性形象”等活动,唤起学生“音色与形象”关联的音乐经验,通过对比,让学生自己去探究感悟。徐老师还强调,这个环节,教师要给学生充分的个性体验、自主生成的时间和信心。

“有效”的音乐课堂一定是教学目标清晰、教学环节紧扣、知识技能明确、审美体验真实、音乐感知深刻的。在这个课例的观课议课研讨过程中,我感悟到:教学只有真正有效地一步步实施下来,才能呈现一个自然的教学过程,让学生在潜移默化中获得审美。有趣、有效地教学需要教师站在学生立场,保持一颗永恒的童心,只有在理解学生、爱护学生的基础上设计教学,才能让学生喜爱音乐,享受音乐。

(戴雨桐)

例八　《杨柳青》——表现/音乐与相关文化

课　　型：演唱课。

年　　级：四年级。

课　　时：1 课时。

教学内容

教材内容："人音"版义务教育教科书·第七册第二课演唱作品《杨柳青》。

关联资源：《茉莉花》(江苏民歌)。

课外资源：《苏州好地方》(江苏民歌)。

教材分析

《杨柳青》是江苏扬州地区最富代表性的民歌之一，曲调为五声宫调式，歌曲欢快、活泼、风趣，抒发了人们对美好生活的喜悦之感和对家乡的热爱之情。衬词在歌曲中占有十分重要的地位，是扩充乐句的重要手段。第一、二乐句均为六小节，其中结尾两小节均为衬词，第三、四乐句则全由具有浓郁地方方言特点的衬词构成，诙谐幽默，颇具江苏扬州民歌的风格。

学生情况分析

四年级的学生已经基本形成了良好的音乐学习习惯，对本课中所涉及的音乐知识有了一定的学习经验。小学中年段学生感知能力增强，也有了一定的自主学习、探求知识的能力，喜欢形式多样的音乐活动。本课的教学设计依据这些特点，抓住学生对陌生事物的好奇和探究欲，把歌曲方言学唱作为教学重点，激起学生的学习兴趣，促使学生通过步步探究的过程学会演唱并自信地表现。

教学目标

1. 通过学习江苏民歌《杨柳青》和欣赏《苏州好地方》《茉莉花》等歌曲，感受江苏民歌的风格，对民间小调“杨柳青”有初步认识与了解。

2. 能够准确演唱歌曲《杨柳青》，尝试用扬州方言、欢快的情绪演唱与表现、感受与抒发喜悦之情。

3. 在聆听、做身体打击乐表演、乐器伴奏、演唱等活动中感受特色节奏型、了解衬词的作用、体验情绪、表达情感，愿意唱，喜欢唱。

教学重点

准确演唱歌曲《杨柳青》，尝试用扬州方言演唱、表现，感受浓郁的民歌特点。

教学难点

1. 用方言演唱，准确把握节奏与语音。

2. 一字多音，尤其是第六乐句“杨柳叶子”的准确演唱。

教学准备

钢琴、多媒体课件、双响筒（1个）、碰钟（1对）。

教学过程

一、创设情境，组织教学

1. 学生看风景、认美食，初步了解江苏。（播放背景音乐《杨柳青》。）

2. 师生谈话交流：

（1）师：这是什么地方？它在哪儿？

（2）师：苏州园林享誉全国，有没有同学知道苏州属于哪个省？

（3）师：你对江苏还有更多的了解吗？

3. 教师简单介绍江苏美食与人文。

二、趣味活动，感知特色

师：欣赏完江苏的美景与美食，我们一起来听听江苏民歌，请同学们说一说这首歌曲有什么特点？

（一）感知“特色节奏型”

1. 教师播放视频：《杨柳青》（民歌演唱）。

2. 学生说一说歌曲的特点：活泼、欢快、跳跃、用方言唱（吴侬软语）。

3. 教师有感情地范唱歌曲《杨柳青》。

4. 师：说一说歌曲中有哪一个节奏型重复出现多次？请找出来拍一拍。

5. 感知“特色节奏型”。

（1）教师出示节奏卡片，学生感知区别“$\underline{X\ X}\ \ X$”和“$\underline{X\ X}\ \ \underline{X\ 0}$”（加入休止符更加跳跃、轻巧）。

（2）个别学生尝试用碰钟演奏“$\underline{X\ X}\ \ \underline{X\ 0}$”节奏型。

（3）教师播放歌曲伴奏音乐，请一名学生用碰钟演奏。

（二）感知旋律特点

1. 教师出示曲谱。师：同学们找一找“1　2　3　4　5　6　7”音阶中哪几个音在曲谱中没有出现过？

2. 学生了解“五声音阶”。

3. 学生演唱“五声音阶”，加上柯尔文手势。

4. 师生接龙学唱衬词部分旋律。

（三）感知方言特色

1. 教师带学生逐句、有节奏地念歌词（从“杨柳叶子青啊虐”到结束）。

2. 学生加双响筒、碰钟伴奏念词：碰钟节奏“$\underline{X\ X}\ \ \underline{X\ 0}$”（歌词“青啊虐、崩啊虐”处加伴奏），双响筒按“X　X”节奏在其余歌词部分伴奏。

3. 学生加上“拍腿、拍手”的身体打击乐读词。

4. 学生用乐器和身体打击乐伴奏，教师演唱歌词。

5. 师生交流：衬词在民歌中的作用。

（1）师：在歌词中有哪些地方不太明白，有什么疑问？

（2）教师介绍衬词：歌曲中的衬词是指没有实在、明确含义的虚词，它常常在民歌中出现，来渲染歌曲气氛，增强民歌的地方特色。

（3）教师简单介绍《杨柳青》：《杨柳青》不仅是歌曲名，也是江苏扬州一带流传的曲牌名，歌名《杨柳青》就是取自歌词中的“杨柳叶子青”。这首小调歌词不固定，常填入诙谐、风趣、欢快的词句，由具有浓郁地方方言特点的衬词构成，造成一种诙谐的情趣，增强了扬州民歌的风格。

三、学唱歌词，表现特色

1. 学生完整聆听歌曲，说一说江苏方言的演唱与普通话发音最明显的区别在哪里。

2. 学生用方言逐句读歌词（第一、二乐句）。

3. 学生读词（第一、第二乐句）并加入身体打击乐动作（第一乐句：拍腿、拍手“X　X”，“嗬嗬依嗬嗬”处拍胸“XX XX | X – |”；第二乐句：拍腿、拍手“X　X”，“杨柳叶子青啊虐”处拍腿、拍手“X – | XX X |”）

4. 学生尝试演唱歌词。

5. 学生演唱歌词加动作表演。

6. 学生加入乐器和身体打击乐伴奏，完整演唱歌曲。（请一名学生带领同学表演；先慢速，依学生掌握情况再加速。）

7. 学生随歌曲伴奏音乐完整演绎歌曲。（播放原速伴奏音乐，强调强弱规律，跟上音乐速度并有感情地演唱。）

四、拓展欣赏，加深印象

1. 学生聆听《苏州好风光》《茉莉花》。

（1）师：今天我们一起学唱了一首用扬州方言演唱的歌曲《杨柳青》，老师能感觉到大家都很喜欢这种风格的音乐，我们再听一首江苏特色的歌曲《苏州好风光》。（欣赏后交流：同样是方言演唱，《苏州好风光》更加温柔细腻。）

（2）教师演唱《茉莉花》，师生交流对这首歌曲的感受。

2. 教师小结。师：这节课我们一起在歌声中闻到了茉莉的芳香，在音乐中游览了三月扬州花红柳绿的美景，江苏是个很美的地方，令人向往，我们更感受到了江苏民歌的浓浓韵味，感叹中华大地、歌舞飞扬，有太多优秀的民间音乐文化需要我们去传唱与发扬。

3. 学生随着江苏民歌《茉莉花》音乐离开教室。

（指导：徐惠琴；执教：倪智宇）

注：本课例是杭州市滨江实验小学音乐教师、徐惠琴名师智慧空间站学员倪智宇老师在浙江省教育厅教师培训项目“音乐教师核心素养培育能力提升”教学观摩、“小学音乐教师多元教学方法运用能力提升”教学观摩等活动中执教的中年级演唱教学展示课。

教学反思

民歌《杨柳青》一课的教学主要是通过学习江苏民歌《杨柳青》和欣赏《苏州好地方》《茉莉花》等歌曲，让学生感受江苏民歌的风格，对民间小调“杨柳青”有初步认识与了解；

学生能够尝试用扬州方言、欢快的情绪演唱与表现《杨柳青》，愿意唱，喜欢唱。用方言演唱是本课的教学重点，而"准确把握节奏与方言的语音"是难点，是着重要解决的问题。

《杨柳青》的衬词部分是整首歌曲在节奏与风格上最有特色的部分。因此，我在"趣味活动，感知特色"环节设计了多种活动让学生参与衬词的学唱。首先，找出重复多次的节奏"X X　X 0"，比较"X X　X"与"X X　X 0"节奏型的不同，再加入碰钟的演奏，让学生多次感受。之后，在念歌词环节用双响筒敲击"X　　X"节奏，让学生感受方言念歌词的韵律，再加上身体打击乐动作，更增加了轻松有趣的感觉，也为后面学习歌曲旋律、解决节奏难点作铺垫。

节奏与衬词问题解决后，我再引出中国五声调式的简单介绍，这里点到即止，通过演唱与柯尔文手势的融入让学生对五声音阶有听觉、视觉与动觉的多重感知，也为后面学习第一、二乐句旋律作好准备。在解决节奏、衬词、旋律问题之后，填入歌词，完整演唱衬词部分，揭示曲名并介绍。

因为有了对节奏以及方言特点的充分感受，第一、二乐句歌词部分的教学就变得很轻松，学生用方言读过几遍歌词后，便可以直接跟着旋律唱出歌词，也因为歌曲第一、二乐句的节奏比衬词部分规整，学生演唱与节奏的准确度都较好。

在最后的完整演唱环节，学生也都能够把歌词记下来，从学生的课堂反应看出他们对这首方言演唱的民歌很感兴趣。本课的主要目标在于感受江苏民歌的风格特点，一首《杨柳青》不足以代表，因此，在拓展部分增加了补充素材，通过欣赏温婉的《苏州好风光》、细腻甜美的《茉莉花》，与《杨柳青》的风趣、激情、活泼形成对比，让学生对江苏民歌有更广泛的认识与体会。

以上是我对这节课教学过程的梳理。课的成熟与自身的自信来源于一遍遍打磨与思考。最初的设计"教的痕迹"很重，因为不放心学生，担心他们找不到节奏，找不到音准，所以总想"说给"他们，"教给"他们。第一次试教后，徐老师指出："老师'教'得太多，体现不出学生的'学'，要让学生自己去发现歌曲的'有趣'，让他们愿意唱、喜欢唱。"在徐老师指导下，我重新设计，先做减法，减少"教"的活动，再做加法，增加学生自己"探究、实践"的活动。我把每一次的试教先拍摄下来，再从观课者的角度来看自己的课，从而发现更多的问题，促使自己深入思考：教师必须有学生的视角，要和学生在同一个高度感受音乐的学习空间。

课例修改成熟后我做了几次教学展示，最后一次是自己觉得上得最流畅的一节课。课后徐老师给我发来短信说“越来越自如，课感越来越好！”徐老师温暖、鼓励的话语，让我的内心很受激励与鼓舞。三十好几的我，每次上公开课的心情并不轻松，会担心自己上不好，自信心不那么足。经过《杨柳青》一课的“磨砺”后，我又找回课堂上越上越兴奋的感觉。也是这一轮的观课议课，让我更加明白：教师的幸福来自于学生的成就，我们要尊重学生，成全学生。

（倪智宇）

例九　《打字机》——感受与欣赏/创造

课　　型:欣赏课。

年　　级:四年级。

课　　时:1 课时。

教学内容

教材内容:“人音”版义务教育教科书·第七册第三课欣赏作品《打字机》。

关联资源:《乒乓变奏曲》(钢琴曲)。

教材分析

作曲家安德森创作的《打字机》是一首欢快活泼、诙谐有趣的标题音乐。这首主题贴近儿童生活、情绪活泼、形象鲜明的管弦乐曲,深得学生的喜爱。乐曲为三段体结构,速度较快。A 段的主题旋律不断作下行模进,均为用顿音奏出的连续的八分音符,灵活轻快。伴奏声部的打字机随音乐发出急速的击键声,连续三小节后在第 4 小节重拍上出现满行预告铃声,一个四分休止符后,再响起倒回机头的“咔嚓”声。B 段转为 C 大调,节奏放宽,并频频使用强拍上的休止,与 A 段音乐的热烈气氛有所对比。但打字机急促的打字声、铃声、倒机声仍不绝于耳,使人感受到工作着的人们紧张忙碌的心情以及娴熟自如地操作打字机时的得意神态。乐曲最后再现 A 段后结束。

学生情况分析

这首作品的教学对象是四年级学生。中年段学生对音乐的听辨力和记忆力都有一定的基础,能够初步感受音乐的旋律特点和发展变化,并能在此基础上哼唱主题旋律。中年段学生感知体验和探索活动的能力较低年段有所增强,教学中要以丰富的教学内容和生动活泼的教学形式引导学生积极参与实践活动。

教学目标

1. 欣赏管弦乐《打字机》,感知乐曲欢快的情绪,理解“忙而快乐着”的积极向上的工作态度,体会音乐与生活的息息相关,培养对音乐学习积极、热情的态度。

2. 能够积极参与聆听、律动表演、乐器伴奏、创编等形式多样的活动,记忆主题音乐,听辨出节奏、速度、力度等音乐要素的变化,区分音乐形象,划分音乐段落。

3. 能够在表演、伴奏等活动中与同伴协同合作,在创编活动中大胆展示自己的表演。

教学重点

欣赏管弦乐《打字机》,感知乐曲欢快的情绪,记忆主题音乐,区分音乐形象,划分音乐段落。

教学难点

听辨节奏、速度、力度等音乐要素的变化,体现个性,自主表达。

教学准备

多媒体课件、字母卡片(3 张)、三角铁(4 个)、砂槌(4 个)。

教学过程

一、律动表演,听辨导入

1. 学生随《乒乓变奏曲》音乐轻轻踏步,边做律动表演边进教室。

2. 学生听声音片段,交流“这个声响让你想到什么”。

(1) 听乒乓球弹跳的声音。

(2) 听键盘打字的声音。

3. 学生观看打字机视频片段。

(1) 观看视频。

(2) 用动作表演听到的声音并交流。

4. 教师做动作表演,请学生找出表现铃声的动作。

二、多形式体验,赏析作品

(一) 聆听 A 乐段

1. 师生一起表演:拍腿拍腿 | 叉腰叉腰 | 拍肩拍肩 | 拍手捻指 |。

2. 学生在身体打击乐表演中找出“铃声”“倒机声”“打字声”三个声响。

3. 学生随音乐表演,听辨第四乐句的变化:打字员在这句多打了几个字。

4. 学生做动作表演,找出第四乐句铃声的位置:在拍肩之后加入四次拍地的动作。

5. 学生随音乐表演 A 乐段四个乐句。

6. 学生随音乐表演,教师在黑板上画出图谱。

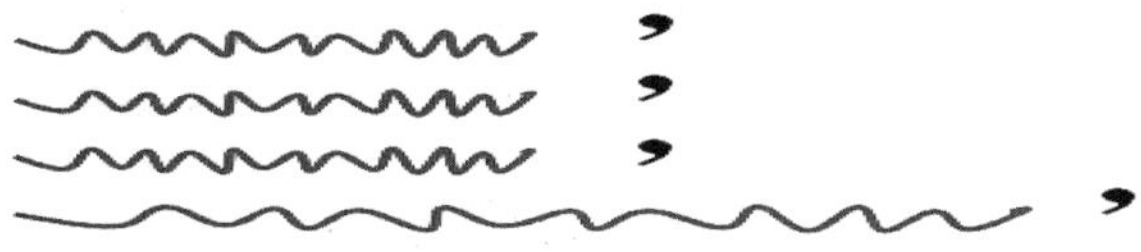

7. 教师请学生用打击乐器表现声响。师:铃声出现了几次?请四个小组最后两位同学起立,倒数第二位同学用三角铁表现铃声,最后一位同学用砂槌表现倒机声。

8. 学生随 A 乐段音乐完整演绎:动作表演+乐器伴奏。

(二)聆听 B 乐段

1. 学生初步聆听 B 乐段,体验音乐情境。师:半天的工作终于结束了,打字员们也可以放松一下了,你觉得他们在干什么呢?

2. 学生交流:休息的时候打字员在做什么。

3. 教师哼唱旋律,表演“递交作品”。

4. 师生互动表演 B 乐段主题旋律。师:如果你是老板,你对我的作品满意吗?你能用动作告诉我吗?(学生自主创编表示“满意”或“不满意”的动作。)

5. 教师请两三名学生上台展示自己的表演,教师配合表演。

6. 小组合作表演:一、三组递交作品给老板审查,二、四组表现老板的态度。

7. 小组互换角色表演。

8. 学生再次聆听 B 乐段,教师在黑板上画出图谱

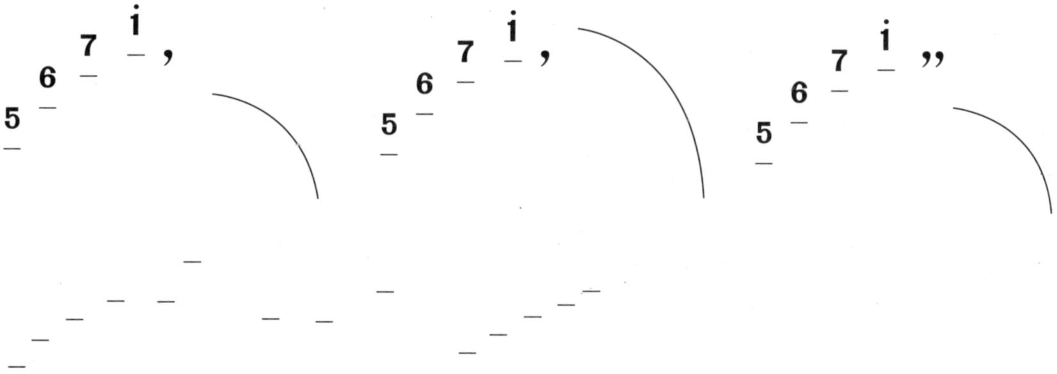

9. 学生说说B乐段旋律的特点：音乐的情绪欢快跳跃，旋律的走向先上行再下行。

10. 学生用“bong”和“la”轻声哼唱B段主题旋律。

11. 学生完整聆听与表现B乐段。

（三）聆听A’乐段

1. 学生聆听全曲，教师引出课题《打字机》。师：下面我们来听一听这首来自美国作曲家安德森的《打字机》，当你听到第一乐段的时候伸出手势“1”表示，听到第二乐段的时候用手势“2”表示。

2. 教师在画好旋律图谱的黑板上贴上“ABA’”，小结曲式结构。

3. 学生再听A’乐段结束部分，感受音乐情绪。师：打字员结束了一天的工作，终于可以下班了，他们的心情是怎样的呢？能用动作表现吗？

4. 学生结合放学的心情，创设跟同学们互相道别的情境。

三、完整表现，感知生活

1. 学生完整聆听与表演《打字机》。师：我们把这里变成一个庞大的音乐工作室，有打字声，有铃声，有倒机声，还有同学们的歌声。

2. 师生交流：安德森爷爷从打字机富有节奏的铃响中产生灵感，创作了这首轻快风趣的《打字机》，同学们也可以从生活中找一找美妙的声音，也许它们都能成为动听的乐曲。

3. 学生随音乐律动出教室。

（指导：徐惠琴；执教：刘丽伟）

注：本课例是杭州市长青小学音乐教师、徐惠琴名师智慧空间站学员刘丽伟老师在浙江省小学音乐骨干教师培训活动、浙江省教育厅教师培训项目“音乐教师核心素养培育能力提升”教学观摩活动中执教的中年级欣赏教学展示课；被选用为杭州师范大学教师培训课程示范课例。

教学小记

《打字机》一课经历了多次观课议课、教学展示，我还以此课例研究为例写作了《“音乐实践”理念下小学欣赏课教学策略的研究》。整个过程虽然辛苦，但最终得到收获是很幸福的，那是在修炼中获得的成长。

记得新婚后的第二天，我仍然沉浸在喜悦和忙碌中，徐老师打来电话让我准备一堂课,她下周试听。接到任务的那一刻我既兴奋又激动,但随之而来的是担心和害怕:这么短的时间内如何能够设计好一堂课,更何况课的内容必须新颖有趣、思路清晰。我准备了《打字机》一课,想着临时抱佛脚先应付一下。

试教的结果在意料之中,课堂思路不清晰、方法不够新颖、收放不自如、学生难以把控等问题逐一暴露出来,满心忐忑地结束了这堂课。从其他观课老师的神情里,我意识到试教过程非常糟糕。徐老师却肯定了我一些细微的优点,鼓励我,激发我的思维。我不安的心情稍微平复了一点。之后,徐老师对如何修正与改进这堂课提出了详细的建议。比如A乐段四个乐句,铃声和回车声是在每个乐句的最后一小节出现,徐老师让我往这个思路去设计队形和乐器演奏。我豁然开朗,思路越来越清晰,想法也越来越多。

我仔细记录下徐老师的建议,回家后重新认真备课。第二次试教,自己感觉明显好了许多,徐老师也充分肯定了我的进步,但同时提出了更进一步的要求:要关注学生的个性体验。比如,A乐段的动作以模仿表演为主,那么,B乐段就交给学生自己去创编,给学生更多的思维与表现的空间。随后,徐老师提出B乐段采用“打字员递交作品,老板表态”的互动表演情境。这个片段,也成了课堂中最生动的一幕。我很幸运,徐老师在“狠心”锤炼我们的同时,总是尽心尽力,无私地与我们分享她的智慧。

在一次次观课议课之后,整节课的教学越来越灵动了。经过“磨砺”后的第一次展示课,是我第一次借班在校外上公开课,面对来自省里优秀的前辈们,紧张是必然的,但是当我和学生们随着音乐进场,看到他们天真可爱的面孔时,我变得越来越自信,整节课非常顺利地完成了。课后,听到老师们的好评,我的感受是美滋滋的,脚步是轻盈的,心情是愉快的,灵魂是幸福的。

教学修炼是一场经历风雨见彩虹的有意义的旅行,我深深热爱它。

(刘丽伟)

例十 《龙里格龙》——表现/音乐与相关文化

课　　型：演唱课。

年　　级：四年级。

课　　时：1 课时。

教学内容

教材内容："人音"版义务教育教科书·第七册第八课演唱作品《龙里格龙》。

课外资源：京剧《卖水》片段。

教材分析

歌曲《龙里格龙》属于戏歌（或京歌）体裁，曲调比较简单，主要采用京剧西皮唱腔中的音乐素材编写。全曲主要由"$5\ \ \underline{36}\ \underline{50}\ \underline{\dot{1}0}\ |\ \underline{65}\ \underline{36}\ 5\ \ 0\ \|$"这一主题旋律构成。第二句的旋律实际上是主题旋律向上方四度的模进。合唱部分是把两句进行叠加处理，形成了带有一点轮唱感觉的二部合唱。歌词"龙里格龙（咚）"并没有什么实际意义，是京剧中常用的象声词。

学生情况分析

四年级的学生对京剧的了解并不多，但是他们对陌生、新鲜的事物往往比较感兴趣，所以，教学中要为学生设计参与性强的体验活动，让他们感兴趣，想学乐学，能够有表情地演唱，学习常用的身段，了解相关的京剧知识。

教学目标

1. 学会用活泼而富有力度变化的声音演唱二声部歌曲《龙里格龙》，体会浓郁的京剧韵味，增强对戏歌的了解与喜爱。

2. 能积极参与聆听、模唱、身段表演、打板眼等实践活动，尝试有京味儿地演唱京歌《龙里格龙》。

3. 认识京剧伴奏乐器单皮鼓、尺板，初步了解板眼等京剧知识。

教学重点

学会用活泼而富有力度变化的声音演唱二声部歌曲《龙里格龙》，体会浓郁的京剧韵味。

教学难点

歌曲的二部合唱。

教学准备

多媒体课件、旋律卡片、单皮鼓（1 个）、尺板（1 副）、扇子（1 把）、手绢（1 条）。

教学过程

一、组织教学

规范学生坐姿：坐正，背挺直，要有京剧表演的精气神。

二、学“行弦”，初感知

（一）初识“行弦”

1. 学生听音乐分辨。师：聆听一段音乐，这段音乐与我们之前学唱的歌曲有什么不同？（播放“行弦”音乐。）

2. 师生交流，教师介绍“行弦”：“行弦”俗称“小拉子”，是演员演唱停顿时，为了保证音乐不中断而重复演奏的几个小节，它可长可短，是一个短小乐句的任意反复。

3. 学生听“行弦”：观看京胡演奏“行弦”的视频。

4. 学生交流并分辨京胡与二胡。

5. 学生观看三段京剧选段的表演视频，听出行弦部分的音乐。当行弦部分出现时，男生用虎口掌表示，女生用兰花掌表示。

6. 学生再次聆听京剧唱段《卖水》，找出行弦部分，学习“旦角”“生角”的不同身段亮相。

7. 师生合作表演《卖水》。

（二）细辨“行弦”

1. 师生摆乐谱。（教师出示“行弦”旋律的音符卡片，学生按照旋律排列出正确的顺序。）

2. 教师出示曲谱“5　36 50 $\dot{1}$0 | 65 36 5　0 ‖”，学生唱一唱。

3. 学生用跳跃的感觉来唱，教师出示顿音记号。

4. 学生唱词：龙里格龙咚龙格里格龙。

5. 学生了解“龙里格龙咚龙格里格龙”的意思。

（三）识“板眼”

1. 学生再次做身段表演，唱歌曲第一乐句。（男女生先分别唱，再合起来唱。合唱时，教师直接加入伴奏乐器伴奏。）

2. 教师介绍京剧的两件伴奏乐器：单皮鼓、尺板，并作“板”“眼”的介绍。

3. 教师演唱并用乐器伴奏，学生聆听体会“一板三眼”。

4. 学生拍手感知“一板三眼”。

5. 教师请个别学生尝试演奏单皮鼓或尺板。

6. 学生边唱边打“板眼”（歌曲前两乐句）。

7. 学生感受力度变化：教师演唱并表演（手执扇子和手绢），学生想象情境；讨论后再次演唱，表现出强弱变化。

三、唱京歌，品京韵

（一）完整聆听京歌《龙里格龙》

1. 学生听辨“龙里格龙咚龙格里格龙”出现了几次（教师表演唱一遍）。

2. 学生再次听辨，教师同时出示歌词。

（二）学唱《龙里格龙》低声部

1. 教师在谱面加入换气记号，并标注接得特别紧的两个字“里格”。

2. 学生学唱最后两句。

3. 学生学念白的两句（进行京剧的吊嗓子练习，用小嗓来念）。

4. 学生加入儿化音演唱。

5. 男生完整地演唱低声部，加入四个身段动作帮助记忆。

（三）学唱两声部

1. 男生演唱时，老师加入高声部。

2. 学生听出并交流旋律的变化。

3. 教师出示高声部旋律，女生演唱。

4. 女生演唱高声部歌词。

5. 女生演唱高声部并加入四个身段动作表演。

6. 男女生合作，女生唱高声部，男生唱低声部。

7. 学生完整演唱全曲，男女生分别以旦角和生角的亮相定格。

8. 学生随伴奏音乐圆场走出教室。

（指导：徐惠琴；执教：吴剑兰）

注：本课例是杭州市长寿桥小学音乐教师、徐惠琴名师智慧空间站学员吴剑兰老师在浙江省教育厅教师培训项目“音乐教师核心素养培育能力提升”教学观摩活动中执教的京歌教学展示课；以本课例研究为素材撰写的论文《从符号到文化：指向文化理解素养的京歌教学设计》获得2019年杭州市中小学音乐教学论文评比二等奖。

教学反思

执教教师	吴剑兰	活动主题	京歌教学
年级与课题	四年级《龙里格龙》	上课时间	2019年11月21日
学生情况	我校是以京剧为特色的学校，四年级的学生已经有一定京剧知识的积累，乐于参与有关京剧的课堂体验活动。从本课教学效果来看，学生的课堂活动参与率达100%，学习态度认真，情绪饱满，能够用活泼而富有力度变化的声音演唱《龙里格龙》，对行弦、板眼等京剧小知识以及京剧身段动作的学习都很有兴趣。		
教学目标	目标设定基本合理，完成度约在90%；在两声部完整地演唱与表演的时间安排上稍微少了些，所以，演唱表现部分还可以让学生完成得更充分一些。		
教学特色	本课研究的着眼点是“指向文化理解”，以“浸入文化感受→深入文化观念→探索文化概念→验证文化差异→得出对该文化理解的结论”为路径展开学习。		
教学设计（设计不够合理之处，如何调整）	教学设计调整之处有： 1. 组织教学部分，改成直接落座静心听辨“行弦”。 2. 初感知环节，原设计围绕《卖水》展开，现改成初识“行弦”、细辨“行弦”、感受强弱变化和体验“板眼”。 3. 歌曲学唱调整为“初听京歌《龙里格龙》→学唱低声部→两声部演唱”；原设计的男女生混合分组调整为男女分组，男生演唱低声部，女声演唱高声部。		

续　表

教学思想（由本课教学所引发的思考与理念上的感悟）	京歌《龙里格龙》的曲调，由“$5\ \ \underline{36}\ \underline{50}\ \underline{\dot{1}0}\ \vert\ \underline{65}\ \underline{36}\ 5\ \ 0\ \vert$”这一旋律构成。在最初设计构思时，我没有去深究这个旋律有什么特点，它和高声部的旋律构成有什么相辅相成之处。第一次试教课，学生从头唱到尾，结果花了近五十分钟都没有把这首京歌教完，而且整节课就像一节歌唱教学课，一点没有京剧的韵味。徐老师严厉地指出问题之后，耐心详尽地指导我作修改。徐老师说，“体验式学习”追求“有趣有效有意味”的课堂教学，京歌教学只有有京剧文化的融入才能让学生品味到京剧的韵味与魅力，体现出教学的“意味”。她建议我从京剧元素“行弦”入手，让学生通过参与聆听“行弦”音响、欣赏有“行弦”片段的京剧视频、观看京剧演奏员用京胡演奏“行弦”的录像、品味教师的“行弦”表演等活动，让学生体验到京味儿。只有让他们喜欢了，熟悉了，他们才会爱唱。 于是，我静下心，从“指向文化理解”着手研究“京歌教学”。以“浸入文化感受→深入文化观念→探索文化概念→验证文化差异→得出对该文化理解的结论”的路径对《龙里格龙》一课进行修正改进。 传统基于京剧符号理解的教学，更多着眼于对符号本身的理解认知是否清晰、准确、到位，因而教学设计更偏向如何清晰、准确、到位地传递这些认知信息，以及如何避免学生在理解中出现错误。而指向文化理解的京剧教学则更需要教师在教学设计中偏向帮助学生看到“自己是如何理解京剧文化”这一过程。因而除了让学生看到那些具备客观、正确的认知之外，教师还需要让学生看到自己是通过怎样的路径从懵懂走向精确的。《龙里格龙》一课的观课议课打磨过程，不仅让我对京歌教学有深入思考，更让我对“有趣有效有意味”的音乐课堂有了深刻的理解。

（吴剑兰）

例十一　《摇篮曲》——表现/创造

课　　型：演唱课。

年　　级：四年级。

课　　时：1 课时。

教学内容

教材内容：“人音”版义务教育教科书・第八册第六课演唱作品《摇篮曲》。

课外资源：《金色童年》（童声独唱）。

教材分析

汪玲、杨存德作曲的《摇篮曲》是一首由六个乐句加结尾组成的一段体歌曲，$\frac{6}{8}$拍，F宫调式。歌曲曲调优美流畅，婉转动听，六拍子的节拍更增强了动荡摇晃的感觉。轻柔而稍慢的歌声，生动地描绘出一幅妈妈轻轻摇动摇篮哄宝宝入睡的幽静画面。

学生情况分析

四年级学生对节奏、旋律有较强的感受力和表现力，教学中要充分运用这一特点为学生创设主动参与、亲身体验的实践活动，让学生感受“摇篮曲”轻柔摇晃的节奏感和优美抒情的特点。演唱中，要指导学生演唱音准、气息控制、歌声轻柔以及唱好一字多音的歌词。

教学目标

1. 能用优美、连贯的歌声演唱《摇篮曲》，从动听的歌声中体会深深的母爱。

2. 能够在律动表演、游戏、道具演示等活动中自主探究歌曲的节拍韵律。

3. 能初步感知与表现六八拍子的节拍韵律；能够区别相似乐句并准确演唱；能够用个性化的肢体语言表达情感。

教学重点

用优美、连贯的歌声和愉悦的情绪演唱歌曲《摇篮曲》，体会深深的母爱。

教学难点

歌曲韵律感的感知与表现,轻柔的歌声之气息、力度的控制。

教学准备

圆形磁贴(6 个)、纱巾(1 条)、多媒体课件、钢琴、黑板、粉笔。

教学过程

一、趣味练声,初步感知

1. 学生初步感知节拍:随歌曲伴奏音乐用身体摇摆的律动、分拍与合拍的走步来感受。

2. 主干音练声:随歌曲伴奏音乐以师生接唱的方式进行趣味练声(强调声音的位置与演唱方法,出示曲谱)。

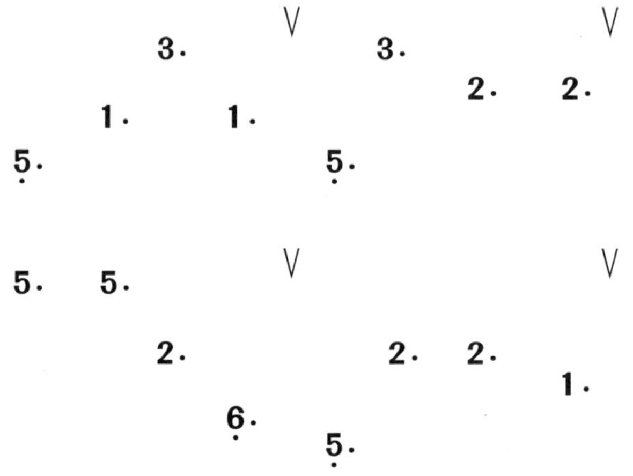

3. 连贯演唱:学生完整地演唱,教师指导“连贯与换气”。

4. 师生两声部叠加演唱:学生在进行主干音连贯视唱时,教师加入旋律声部,形成两声部。

二、探究节拍,感知韵律

1. 探究合拍:教师出示歌曲旋律——四个乐句,邀请四名学生按要求走步(1 号→2 号→3 号→4 号;匀速走;一个乐句结束时要走到下一个位置),大家一起探究每个乐句走几步。

2. 探究分拍:四名学生拉开距离,仍然按乐句匀速走步,探究六八拍的节拍感。

3. 感知拍点:教师出示六八拍节奏谱,让学生在任意拍点摆放磁贴并拍出该拍点。

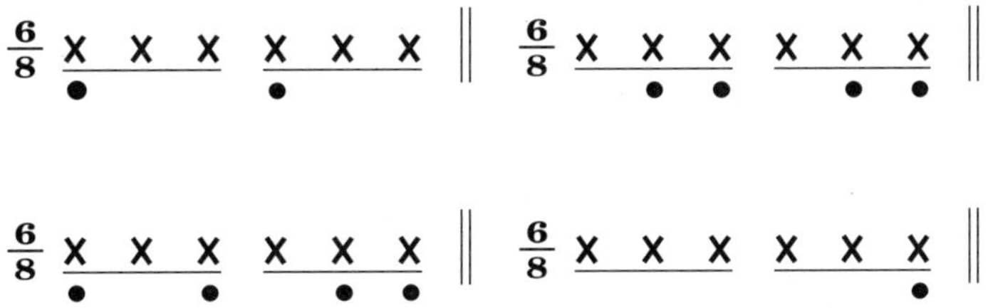

4. 走步律动：学生随歌曲伴奏音乐按照“X X X X·”的节奏走步，感受歌曲特有的韵律。（男女生围成内外两个圈，分别按顺时针和逆时针方向走步。）

三、学唱歌曲，演唱唤情

1. 学生聆听教师范唱，交流主题，教师出示歌谱。

2. 视唱乐谱：教师指导学生视唱的准确性和声音的位置。

3. 对比相似乐句：学生找出相似的乐句，判断哪一句更有结束感；分别唱一唱，教师纠正易错的地方；演唱歌词“闭上你的小嘴”。

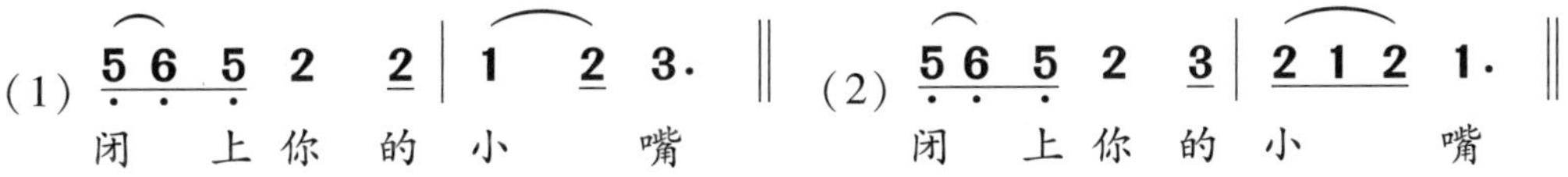

4. 巩固演唱：男女生分别演唱，以“角色感”增强趣味性。

5. 完整演唱歌曲：学生在摇摆的动律中感受歌曲特有的温暖和韵律感。

6. 情感内化：学生假设自己听着妈妈的摇篮曲，做着甜蜜的梦。教师先请学生说说自己的梦境，再在歌声中展现自己甜蜜的梦境。

7. 两声部合作：男生哼唱主干音旋律，女生演唱歌词。

8. 学生记忆歌词。

四、肢体感知，升华情感

1. 说说爱：请学生用语言表达对妈妈的爱。

2. “画画”爱：请学生用鼻尖当画笔合着音乐“画”出对妈妈的爱。

3. 舞动爱：教师用纱巾进行启发，让学生做不同空间的肢体探究、表达、交流。

（指导：徐惠琴；执教：罗翔）

注：本课例是杭州长江实验小学音乐教师、徐惠琴名师智慧空间站学员罗翔老师在浙江省教育厅教师培训项目“音乐教师阿卡贝拉集中培训”教学观摩活动、杭州市新锐骨干教师音乐研修班课堂展示活动中执教的中年级歌唱教学展示课；被选用为杭州师范大学

教师培训课程示范课例。以本课例研究为素材撰写的论文《音乐学习中学生元认知能力培养的实践研究》获得2019年杭州市中小学音乐教学论文评比二等奖。

指导随笔

用罗老师自己的话来说,《摇篮曲》一课是她工作以来历时最长、最受煎熬、情绪起伏最大但收获最多的一次打磨经历。这节课从最初的肯定到两年后的再次磨课,教师经历了"自信→低谷→冲破困难→深入探究"的过程。经历过后,她说"明白了徐老师为什么让我重新研究这节课的用意"。

最初的公开课要追溯到2016年,当时的展示效果还不错。可是,时隔两年,再次作这节课的教学展示却失败了。教师偏离了最初的情感线,盯着曲谱和歌词不放,让学生们一唱再唱。看到孩子们端坐的身姿,虽然唱得很认真,但歌声中没有温暖的感觉,我心里很焦急。课结束了,我让学生们站起来,随着音乐轻轻摇摆身体,慢慢放松下来,再唱,孩子们的歌声有了韵律和温度。课后,我与罗老师交流,她回过神来:温暖的情感体验蕴含在歌曲特有的摇摆动律中,忽略了"情感",忽略了"动律",自然就没有了情韵。

之后,针对本课出现的新问题,我们又进行了多轮观课议课,不断思考和尝试,一次次推翻,一次次重塑。在课堂上,我会更多地看学生的表现,通过学生的反应考虑其内在需求,指导教师改进教学设计,哪怕其中成功了的环节,也要追问为什么。于是,有了更具研究性的《摇篮曲》。罗老师将"策略性知识六阶段教学模式"用于本课教学,做了"音乐学习中学生元认知能力培养的实践研究"。

本课初步感知阶段,让学生随音乐走步行进区别六八拍的分拍与合拍。有些学生没有急于行进,而是先通过身体打击乐动作来感受,等大致熟悉音乐后,再尝试用步伐来体验;而有些学生急于做步伐行进,由于对音乐不够熟悉而一下子很难把握,一出错就更容易紧张,从而影响行进的步伐,造成混乱。所以,让学生学会判断什么是正确且高效的体验方法有助于学生获得成功的体验。这是第一阶段,即策略"感悟"阶段,让学生感受和领悟策略的运用对成功解决问题的意义。第二阶段是策略"尝试"阶段,主要让学生尝试运用学到的策略解决相应的问题。这在课例中体现为"出示六八拍节奏谱,学生在任意拍点摆放磁贴并拍出该拍点"活动。学生的"摆"和"拍"由一开始的犹豫、不明确到逐步的自信、清晰,体现的是学生通过尝试、思考、调整,逐步掌握、形成能力的过程。再比如,策略

“迁移”阶段，运用纱巾启发学生用肢体表达自己的感受。音乐课中的策略不同于文化课中的解题技巧，它具有一定抽象性和概括性，适用的范围很广。因此，音乐学习的迁移练习，将音乐内化成感受用语言和体感输出，除了教材上的作品，还可以延伸和拓展到教材以外的作品，使学习更为灵活。“策略感悟→策略尝试→策略反思→策略运用→策略迁移→策略巩固”六阶段教学的探究，让教师对“体验式学习”有更深入的思考。

教学成长没有捷径，会走过许许多多的弯道，会很辛苦，但在迂回、寻找、摸索的路途中，我们能够领略沿途更多、更美的风景。老师们总是期望自己呈现出的课堂是完美的、成功的，而完美与成功正是在一次次的缺憾与失败中淬炼而成的。因为不完美，我们才更要直面问题、寻找原因、思辨对策，才会更全面、更客观地审视自己的课堂，真正领悟到理念的真谛，我们的“思想行囊”才会饱满而厚重。所以，失败了不要气馁，风雨之后，彩虹绚烂！与老师们共勉！

（徐惠琴）

例十二 《叮铃铃》——表现/音乐与相关文化

课　　型:演唱课。

年　　级:五年级。

课　　时:1课时。

教学内容:

教材内容:“人音”版义务教育教科书·第九册第六课演唱作品《叮铃铃》。

关联资源:《山童》(童声合唱)。

课外资源:《洗菜心》(湖南花鼓小调)。

教材分析

《叮铃铃》是一首具有浓郁地方风格的歌曲,曲调采用了湖南民歌的素材,旋律流畅,情绪欢快、活泼。它描绘了在绿茵茵的山坡上,牧童们赶着羊群发自内心地欢乐歌唱的情景,抒发了牧童对大自然和生活的热爱之情。第一、二乐句节奏完全相同,歌词带有陈述性质;第三乐句像是铃声与回声的模拟;最后一个乐句是对前面听到的吆喝声和铃声做出的肯定回答。合唱部分采用衬词加滑音的唱法和二声部的效果,烘托出一个歌声、铃声、乐声交织在一起的热闹场面。

学生情况分析

这首歌曲的教学对象是五年级学生,该年段学生在演唱方面已经具有了基本的唱歌习惯,在教师指导下能够用正确的演唱姿势和呼吸方法唱歌。这首歌曲的演唱技巧丰富,变化音、倚音、顿音、滑音及合唱的融入对该年段学生来说还是具有一定难度的,演唱的指导应着力于变化音及二声部合唱的音准。学生要在演唱技巧方面学会自主表现顿音的轻盈跳跃、倚音的连贯流畅及滑音的灵活收放等。

教学目标

1. 能够运用和谐的声音演唱二声部合唱中的其中一个声部，用轻快优美的声音和活泼的情绪合唱《叮铃铃》，表现牧童快乐歌唱的情景和愉悦的心情。

2. 能够通过律动表演、手势辅助、图谱演示等方式自主探究旋律进行、节奏、力度等要素的特点和歌曲情绪的变化。

3. 感受与了解歌曲浓郁的地方特色；在教师指导下尝试运用变化音、倚音、顿音、滑音的演唱技巧表现歌曲的风格。

教学重点

用轻快优美的声音和活泼的情绪演唱《叮铃铃》，感受、了解、表现歌曲的风格。

教学难点

变化音、倚音、顿音、滑音的演唱技巧；二声部合唱的音准与和谐。

教学准备

多媒体课件、钢琴、小钟琴（1个）、图谱卡片。

教学过程

一、律动表演，整体感知

1. 学生随《叮铃铃》伴奏音乐做律动表演进教室。（播放《叮铃铃》伴奏三遍。）

2. 学生谈谈聆听初印象。师：歌曲带给你怎样的感觉？歌曲把我们带向了哪里？

3. 学生自主探索空间。师：就让我们一起在大自然的怀抱里欢快起舞。（学生随伴奏进行音乐表演。）

二、学习合唱，解决难点

（一）学唱高声部

1. 学生做空间走步，第二遍时回座位聆听教师演唱第三乐句；交流“你刚才听到老师唱了哪些声音？”

2. 教师用小钟琴演奏旋律，学生听唱。

3. 教师出示曲谱，学生视唱，做柯尔文手势。

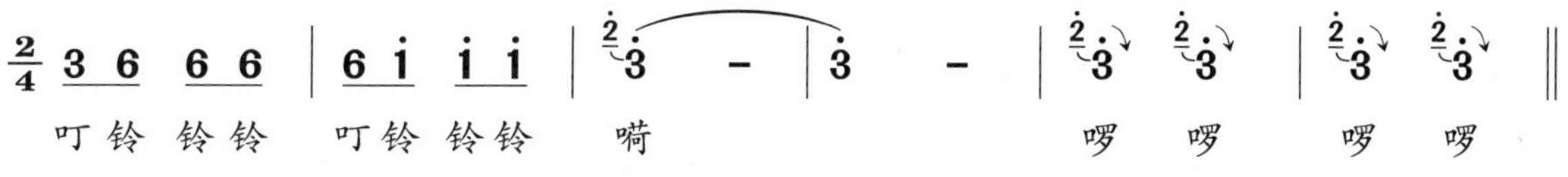

4. 教师请一名学生演奏小钟琴，其他学生跟琴视唱。

5. 教师指导顿音、倚音、滑音的演唱，做甩羊鞭动作让学生体验滑音。

6. 学生填词演唱，教师指导强弱变化与“嗬”的力度处理。

7. 教师完整播放伴奏音乐，学生表演，演唱第三乐句，教师接唱“那是我们赶羊群”。

8. 学生演唱“那是我们赶羊群”。

9. 学生用“lü”模唱旋律，教师画图谱。

10. 师：请同学们听老师唱曲谱，仔细听听图谱中的最高点是哪个音？（教师边用手画旋律线边唱旋律，学生找到最高音$\dot{3}$，教师写上6、$\dot{3}$、$\dot{1}$）

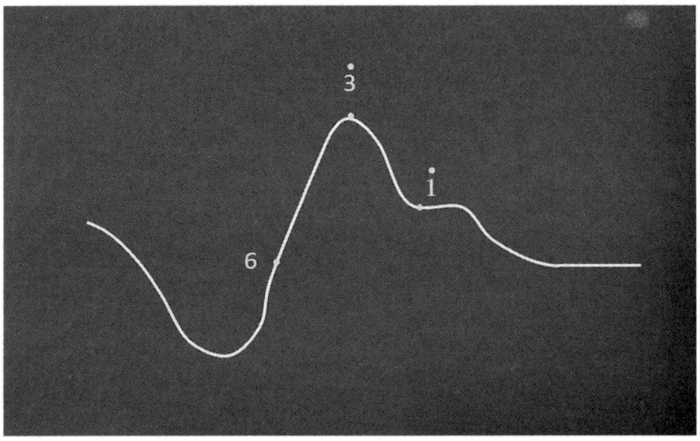

11. 教师再次指导学生演唱，重点指导“羊”字的演唱。

12. 完整播放伴奏音乐，学生在第一、二乐句做律动表演，在第三、四乐句演唱、表演。

（二）学唱低声部

1. 学唱低声部旋律。

（1）教师用小钟琴演奏低声部旋律。

（2）学生用“li”模唱。

（3）学生尝试听唱旋律。

（4）教师出示曲谱，学生视唱并做柯尔文手势。

（5）生生合作：一名学生演奏小钟琴，其他学生集体唱谱（教师指导顿音）。

（6）教师指导$^{\#}5$音准：补充完整图谱，做手势引导学生音准。

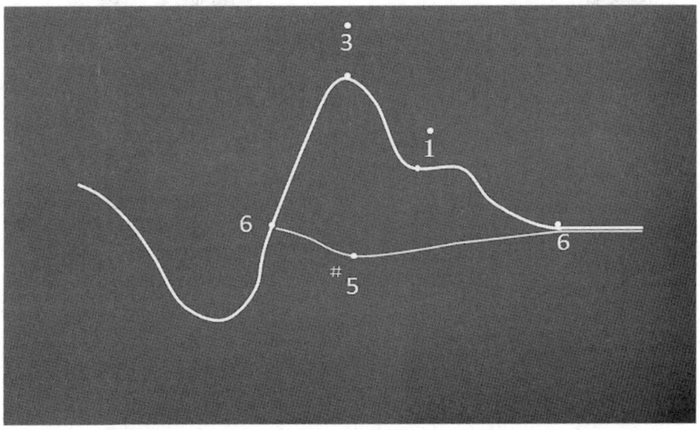

（三）演唱二声部

1. 学生演唱低声部歌词。（第一遍，要求演唱准确；第二遍，教师指导力度变化和“那是我们赶羊群”一句。）

2. 低声部演唱“那是我们赶羊群”→高声部加入→两声部同时演唱“那是我们赶羊群”。

3. 低声部完整演唱。

4. 高低声部合作演唱第三、四乐句。

5. 完整播放伴奏音乐，学生在第一、二乐句做律动表演，在第三、四乐句合唱、表演。

三、学习齐唱，感受风格

（一）听赏歌曲

1. 教师播放歌曲，在课件上出示歌词与图片。

2. 学生交流：小牧童在哪里放牧。

（二）学唱歌词

1. 学生跟琴学唱，要求唱准确，教师指导、纠错。

2. 学生再唱。师：你觉得哪些字词唱起来特别有意思？

3. 交流品味：教师根据学生回答，指导演唱“啰”（升记号），“云、声”（倚音），“白”（一字多音），“深处”（音准）。

4. 学生再次完整演唱。

（三）感受风格

1. 师生谈话交流：这首《叮铃铃》采用了湖南民歌《洗菜心》的旋律素材，中国各地的民歌都非常有特色。

2. 教师演唱《洗菜心》片段。

3. 学生交流：教师的演唱有什么特点，给人怎样的感觉。（教师的演唱婉转、俏皮，给人欢快活泼的感觉。）

4. 学生带着欢快活泼的感觉随伴奏音乐再次演唱《叮铃铃》。

四、分享交流

1. 学生分享：歌曲中最喜欢的一句。

2. 师：天色渐渐暗了，小牧童们唱着歌，赶着羊群回家了。（教师播放《山童》片段，学生走步出教室。）

（指导：徐惠琴；执教：王燕）

注：本课例是杭州市基础教育研究室附属学校音乐教师、徐惠琴名师智慧空间站学员王燕老师在浙江省中小学音乐教师“音乐教育新体系与小学音乐课堂融合的理论与实践”教学观摩、浙江省教育厅教师培训项目“小学音乐教师多元教学方法运用能力提升”教学观摩、杭州经济技术开发区中小学音乐培训活动中执教的高年级演唱教学展示课；以本课例研究为素材撰写的论文《交互式歌唱：基于核心素养的合唱教学探究》获得杭州市钱塘新区第六届中小幼优秀教学专题论文评比一等奖。

教学反思

一、加强动觉体验，增强艺术表现

徐老师倡导的“体验式学习”一直注重学生对音乐的整体感知和体验，也就是以“学”为中心的教学。每一次的观课议课，徐老师的聚焦点都在学生身上，以“学生聆听、感受、表现音乐时的投入和沉浸程度”考量我们的教学。《叮铃铃》这一课，该设置怎样的体验方式才能既不破坏音乐之美又能营造聆听之境呢？

当我一遍遍聆听歌曲时，小牧童甩鞭开腔的画面便扑面而来。这么跃动的心情，一定要在动态中聆听才能充分感知。于是，我运用拍手、点肩、伸臂结合走步等动作创编了适合歌曲前两个乐句的律动；针对后半部分“叮铃铃”的拟声演唱，设计了“摇铃手”动作；针对最后一个乐句，则直接扬鞭起舞，拨弦弹琴。在“行进律动、对面共舞、自主空间”三次表演之后，学生对歌曲情绪、意境和结构有了感知，展示时就有了信心和安全感。我在与学生合乐共舞的时刻，眉眼相遇间传递的都是愉悦和信赖，享受音乐成了那一刻的定格。

二、调整常规模式，促进有效教学

“课堂教学是一种创造性活动。”每一次教学的革新都是跳出常规舒适区将自己置身实验的一次挑战。《叮铃铃》若依照传统“先分再合”的教唱模式，最后的时间用于解决二声部合唱的合作难点，学生的合唱体验是不充分的。在徐老师建议下，我做了调整：在充分感知律动后，首先解决二声部合作的难点，将“那是我们赶羊群”的两声部旋律难点运用听音、图谱对比、演唱指导予以解决，紧接着完成二声部合唱；之后，再来学习齐唱部分，表现歌曲风格。这般调整让学习线索更清晰，学习节奏更紧密，时间安排更合理。在展示课上，我自信地完成了二声部教学，直到现在，孩子们灵动和谐的二声部还回响在我的记忆深处。

三、挖掘音乐素材，加强文化理解

在一首歌曲的学唱过程中，师生的理解和表达能使作品焕发出新的生命与活力。音乐素材的挖掘过程就是在寻找歌曲与众不同的气质。《叮铃铃》采用了湖南民歌《洗菜心》的旋律素材，两首作品曲调有相似之处。通过教师范唱，学生能够感受细腻唱腔下活泼、热情、俏皮的湖南民歌演唱风格，在此基础上再亲身演唱感受，对《叮铃铃》的风格体验就更加深刻了。

所谓“探究”是一种自我批判的实践，课堂应当成为“探究的共同体”。《叮铃铃》一课不仅激发了学生参与合作与挑战的学习状态，也让我再一次超越自己，冲破教学瓶颈，遇见了更美的音乐课堂。

（王燕）

例十三 《乘雪橇》——感受与欣赏/创造

课　　型:欣赏课。

年　　级:五年级。

课　　时:1 课时。

教学内容

教材内容:“人音”版义务教育教科书·第九册第七课欣赏作品《乘雪橇》。

关联资源:《打字机》(管弦乐)、《调皮的小闹钟》(管弦乐)。

课外资源:《Sleigh Ride》(歌曲)。

教材分析

《乘雪橇》是由美国作曲家安德森作曲的圣诞主题管弦乐作品。乐曲热情洋溢,富有动感,在乐器模拟的铃铛声、鞭子声、脚步声、鸣叫声等音响的衬托下,生动形象地表现了人们驾着雪橇、策马飞驰的情景和兴高采烈、欢庆圣诞的心情。

乐曲是带再现的复三段体结构。第一部分由热情欢快、具有歌唱性的主题旋律与另一个活泼轻盈的旋律组成;第二部分时而舒展时而顿挫的旋律描绘了雪橇行进的情景;第一部分再现时富有爵士音乐的特征,气氛更加热烈。之后,音乐的力度不断减弱,随后再稍作渐强,随之出现鸣叫声、马蹄声和挥鞭声,让人想象到圣诞老人带着礼物、乘着雪橇出现的画面。

学生情况分析

五年级的学生对自然界和生活中的各种音响感到好奇和有趣,能够用自己的声音或乐器进行模仿,并随音乐做出相应的体态反应。部分学生羞于表现音乐是因为对音乐的情感理解程度还未深入。在课中,设计以情感为主线的聆听欣赏,能有效地带领学生融入情景,提高学生的情感融合度,激发其主动参与的欲望。

该年段学生基本了解常见的西洋乐器，并能听辨其音色。在感知音乐的过程中，能用打击乐器来模仿音乐中的特殊声效，并与同伴分享自己对音乐的理解和想象。在课上，通过对乐器音色的聆听，想象不同的音乐形象、音乐画面，是提升学生综合赏析能力的方式之一。

教学目标

1. 能够积极参与欣赏活动，体验乐曲快乐的圣诞气氛，乐于分享自己的感受，表达对美好幸福生活的热爱之情。

2. 在聆听、模唱、乐器伴奏与动作表演等活动中感受并记忆乐曲的主题旋律，能听辨出主题在不同乐段出现时的力度、音色、情境的变化，感受其表现的轻松、愉悦、激动、兴奋等不同情绪。

3. 能听辨出作品中的特殊音响：铃铛声、脚步声、挥鞭声、鸣叫声，并能够运用雪橇铃、双响筒、鞭子进行伴奏，感受与表现生动的音响所描绘的“乘雪橇”的快乐场景。

4. 通过欣赏《乘雪橇》，回顾《打字机》《调皮的小闹钟》，了解安德森的创作特色。

教学重点

聆听管弦乐作品《乘雪橇》，感受乐曲描绘的热情气氛与愉悦情绪，听辨与表现作品中的特殊音响。

教学难点

想象与表达不同段落所表现的不同意境和场景。

教学准备

钢琴、多媒体课件、雪橇铃（4 个）、双响筒（3 个）、鞭子（1 个）、舞板（1 个）、圣诞帽（根据班级人数准备）。

教学过程

一、表演热身，感受氛围

1. 学生聆听歌曲《Sleigh Ride》，边做律动边进入教室，形成队形 1。

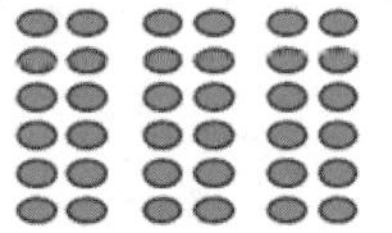
队形 1

2. 师生谈话导入。师：刚才的歌曲洋溢着浓浓的圣诞气息，西方国家的圣诞节，就像中国的春节，是一个快乐喜庆的节日，今天我们就在音乐中一起来感受圣诞节的氛围吧！

二、欣赏《乘雪橇》A 乐段

（一）熟悉主题旋律

1. 学生用“la”模唱旋律。

2. 教师出示歌词，师生齐唱。（教师指导弱起节奏的准确进拍。）

（二）听辨特色音响——“雪橇铃声”和“麋鹿脚步声”

1. 听辨“雪橇铃声”。

（1）学生演唱歌词，教师加入雪橇铃的伴奏，学生想象音乐模拟的是什么声音。

（2）教师介绍雪橇铃（棒铃）。

（3）教师请个别学生尝试演奏雪橇铃，其他学生说说雪橇铃的声音特点。

2. 听辨“麋鹿脚步声”。

（1）学生再次聆听 A 乐段，找出音乐中另一种打击乐器的声音。

（2）学生想象并交流：双响筒模拟了什么声音。

（3）教师请个别学生尝试演奏双响筒，感受麋鹿欢快的脚步声。

3. 乐器伴奏与动作表演 A 乐段。

（1）教师将学生分为两组做律动表演，一组随音乐轻轻击掌划圈，另一组随音乐轻轻拍打地面做摇摆律动。

（2）聆听音乐，个别学生加入雪橇铃、双响筒伴奏，全体学生一起做律动，完整感受 A 乐段。

（三）细致欣赏辨析

1. 学生完整聆听 A 乐段，教师播放课件，用动画展示图谱。

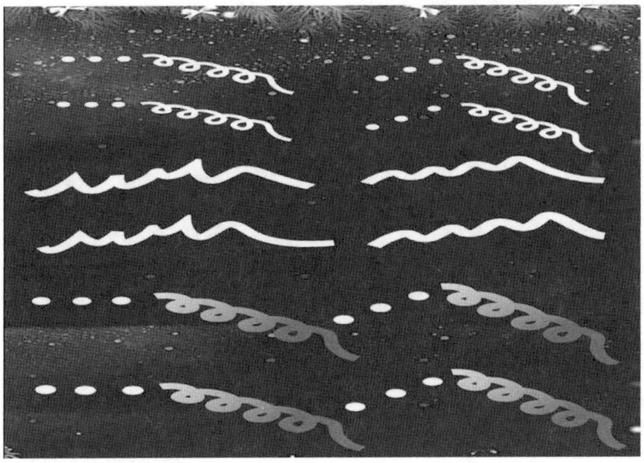

2. 学生交流：听音乐时“看”到沿途哪些美丽的风景。

3. 学生聆听并用手画图谱，感受活泼轻盈的旋律，随音乐“画画”美丽的雪山。

4. 对比欣赏，感受热情、充满活力的主题旋律。

（1）学生练唱巩固主题旋律。

（2）学生在A乐段中找出主题旋律共出现几处。

（3）学生聆听、对比两次歌唱性主题在A乐段中的变化，哪一次听起来更令人心情激动。

（4）学生欣赏演奏视频，关注演奏乐器的变化。

三、欣赏《乘雪橇》B乐段

（一）听辨特殊音响

1. 教师提问引导，增加学生好奇心。师：怎样才能让麋鹿拉着雪橇跑得更快呢？（师生交流。）

2. 学生聆听音乐片段，找出特殊声效。

3. 学生随音乐走步律动，形成队形2。在听到有特殊声效的乐句时做身体打击乐动作，最后拍手感受挥鞭的声音。

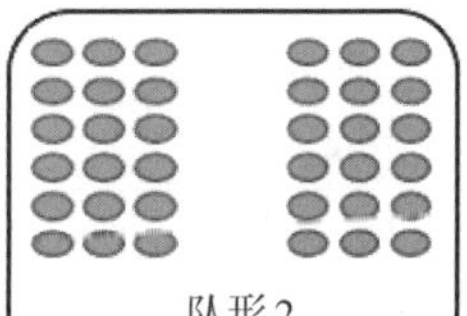
队形2

X X　X X | X X　X X | X　X　X ‖

跺 脚　拍 腿　拍 腰　拍 肩　捻 指　拍手

4. 教师出示乐器“鞭子”并介绍，请个别学生尝试演奏。

5. 学生随音乐表演 B 乐段第一主题。

6. 学生聆听音乐，联想此时的雪橇可能遇到了什么情况。

（二）想象与表演

1. 学生随音乐行进表演，变化至队形 3，并想象场景。

2. 学生展示个性化表现，用最自信的姿势进入圣诞舞会现场。

3. 学生完整演绎 B 乐段，当听到熟悉的 A 乐段歌唱性主题旋律再次响起时，随音乐舞动起来。

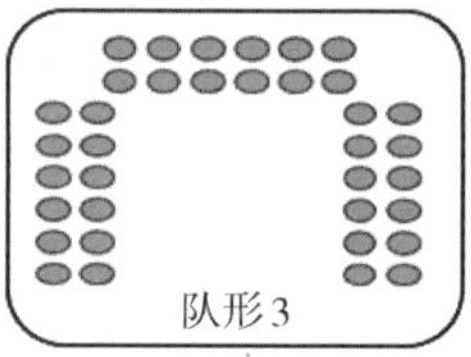

三、欣赏《乘雪橇》A1 乐段

（一）感知爵士风格

1. 学生聆听教师用钢琴演奏歌唱性主题在 A 乐段与 A1 乐段的变化，区别不同风格，讨论引起风格变化的主要因素。

2. 学生欣赏演奏视频，认识爵士乐代表性乐器——小号。

3. 学生欣赏视频：铜管五重奏演奏的歌唱性主题片段。

（二）感受圣诞气氛

1. 学生想象场景：到达圣诞舞会的现场，还会看到些什么。（教师播放爵士歌唱主题，并逐一展示圣诞场景图片。）

2. 个性表演：教师请几名学生到舞会主舞台，跟着音乐舞动起来，其他学生为他们喝彩。

3. 学生注意聆听特殊音响，判断圣诞老人什么时候到来。（发出麋鹿的嘶鸣声时。）

4. 教师出示曲名《乘雪橇》，介绍乐曲。

四、了解创作特色

1. 教师介绍作曲家安德森的创作风格。

2. 学生回顾关联作品《调皮的小闹钟》《打字机》，了解创作特色。

3. 辨析声效，巩固记忆：学生回顾作品《乘雪橇》的特殊音响及出现的乐段。

4. 学生完整欣赏演奏视频。

5. 学生随歌曲《Sleigh Ride》边做律动边出教室。

（指导：徐惠琴；执教：陈迎莹）

注：本课例是杭州长江实验小学音乐教师、徐惠琴名师智慧空间站学员陈迎莹老师在中国教科院教育综合改革实验区第六届“高质量课堂展示”活动中执教的高年级欣赏课，获得一等奖；在浙江省教育厅“百人千场”名师送教活动、浙江省教育厅教师培训项目“音乐教育新体系与小学音乐课堂融合的理论与实践”教学观摩、杭州市新锐教师培训工程小学音乐课堂教学观摩等活动中多次作教学展示；本课教学设计发表于《中小学音乐教育》杂志 2019 年第 1 期。

赛后笔记

我是幸运的，作为一名年轻教师，能够有这样的机会，在磨砺中成长。一个月时间，辛苦并快乐着。

接到比赛通知时，我内心忐忑不安，准备一周之后第一次试教。以前每一次徐老师来听课，我都会在上课过程中留意她的表情，但这一次，我实在不敢看。没想到上完之后，她居然说：“嗯，不错，有点感觉，要有信心。”这是多大的安慰和鼓励啊，感觉自己吃了定心丸。

有点感觉的课，其实只是一个很粗浅的雏形，要从各个方面细细打磨。在接下来大半个月近十余次的磨课中，反反复复地修改、试教、再试、再改，真的有点身心疲惫。回想起第一次试教后徐老师的肯定，才明白那是她的用心良苦——让我怀揣自信，有搏击的力量。

在这个过程中，徐老师比我思考得更多，她提出要从“以怎样的思路架构教学环节，教学重点如何落实与显现，教学语言如何做到指令明确，教学方法是否贴切有效，课件的风格、色调如何表现，可以设计怎样的活动让学生自主探究”等诸多方面考虑。一次次调整、修改，细致到各环节的衔接、每一句话、每一个动作和手势，再到每个环节需要多少时间，不同乐段的队形设计、演奏视频的精挑细选、图片色彩文字布局等等。徐老师近乎严苛的高标准，让我不得不打起十二分精神。

年轻的我经验不足，经常会忽略课堂中学生出现的状况。徐老师根据我在教学中出现的具体情况，指导我如何预设与调控，细致入微。比如，“歌唱性主题在 A 乐段出现几处”这个问题，我的预设是两处，结果学生有回答两处的、三处的，还有四处的。当时，我不知道该怎样反馈。课后，徐老师说：“学生抛过来的球不能任由它滚过去，要接得住，并抛回去，这就是教学机智、教学智慧。”然后，徐老师就学生两处、三处、四处的不同回答该如何回应作了细致指导。

这样的思考、指导、陪伴从课堂延伸到课外，在机场候机室、在宾馆、在会场，徐老师一次次地陪我记流程、模拟演示。

徐老师还带我去了不同学校试教，让我接触不同的环境、不同的学生，应对突发的状况，积累宝贵的"实战"经验。赛课当天，她在台下微笑着看我，我读懂了！我用信心和力量呈现我们智慧的结晶——《乘雪橇》：整节课从导入部分的对乐曲情绪、风格的初体验，再到分段欣赏结合实际生活经验的细体验，最后到作品风格深体验，每个活动都切实关注学生对音乐的亲身体验——听中创想音乐、演中感受音乐、画中想象音乐、析中理解音乐、动中升华音乐。

"成功没有捷径！精彩的教学其视点一定是学生！"带着徐老师的谆谆教诲，我将快乐前行！

（陈迎莹）

例十四　《对花》——感受与欣赏

课　　型:欣赏课。

年　　级:五年级。

课　　时:1 课时。

教学内容

教材内容:“人音”版义务教育教科书·第十册第六课欣赏作品《对花》。

关联资源:《对花》(河北民歌)。

教材分析

“对花”是中国北方的传统小调,主要流行于河北、河南、广西等地。歌唱者以互相问答对猜花名的方式比赛、传授知识、娱乐游戏,演唱形式丰富多样。

管弦乐《对花》选自鲍元恺的《炎黄风情——中国民歌主题 24 首管弦乐曲》,作品为 ABA 三段体结构。乐曲的主题采用河北民歌《对花》和《放风筝》的旋律。全曲以多变的节奏、对置的音色和丰富的力度变化描绘对歌场上欢腾热烈的场面和人们在百花园中悠闲自在的赏花情境。作品以脍炙人口的民歌旋律和绚丽多彩的管弦乐色彩,向人们展示了一幅幅栩栩如生的汉族人民生活画卷。

学生情况分析

这首作品的教学对象是小学五年级学生,这个年龄段的孩子已形成良好的音乐聆听习惯,对乐器分类有所了解,对西洋乐器中的小提琴、中提琴、大提琴和长笛比较熟悉,对作品中出现的短笛和双簧管则较为陌生。因此,该年龄段的学生对双簧管、长笛、小提琴和短笛四种乐器的音色听辨可能会感觉困难,加之其对民歌、管弦乐作品的欣赏热情不高,所以在音色对比听辨、场景模拟体验、律动表演感受等环节的教学中,需要教师引导其参与实践,悉心指导。

教学目标

1. 能听辨出管弦乐《对花》中表现“对花”的乐器（长笛与双簧管，短笛与小提琴）的音色，感受乐曲描绘的对歌场上欢腾热烈的场面和人们赏花的愉悦心情。

2. 听辨出力度、音色等表现要素的变化，在聆听、模拟乐器演奏、律动表演、绘画等活动中想象、感受与表达音乐所表现的意境和情感。

3. 在猜花名、唱《对花》的活动中了解河北民歌《对花》的演唱内容，熟悉旋律，感受情绪，了解“对歌”的特点。

教学重点

感受乐曲描绘的欢腾热烈的对花场面和轻松愉悦的赏花心情，听辨作品表现要素（乐器音色、力度等）的变化。

教学难点

想象与表达音乐要素变化所表现的不同意境和情感。

教学准备

多媒体课件、钢琴、仿真花（牡丹、月季、百合）、黑板、彩色粉笔。

教学过程

一、猜谜入课，巧设意境

1. 教师说出谜面：国色天香和花中皇后。学生猜出谜底：牡丹花和月季花。

2. 节奏问答。

X· X X X | X 0 | X X | X 0 ||
师：这 是 什 么 花？ 生：牡 丹 花……

3. 旋律问答。

3· 2 1 2 | 3 2 3 | 5· 7 | 6 - ||
师：这 是 什 么 花 呀 啊？ 生：百 合 花……

4. 学生对歌接龙。

二、聆听民歌《对花》——熟悉旋律，了解“对花”

（一）引《对花》

1. 教师唱：“春季里来什么花儿开？”学生即兴回答；教师再唱：“夏季里来什么花儿开？”学生即兴回答。

2. 学生聆听河北民歌《对花》。

（二）唱《对花》

1. 学生交流：问句和答句在情绪表现上有什么不同。

2. 男生演唱问句：发"da"音，用欢快的情绪、跳跃的声音模唱；

女生演唱答句：发"lü"音，用优美抒情的情绪、连贯的声音模唱。

3. 男女生对唱歌词。

（三）知"对花"

1. 教师介绍"对花"。

2. 学生模拟"对花"场景：男女生面对面对唱。

三、聆听管弦乐《对花》

（一）聆听第一乐段——听辨乐器音色，感受"对花"之乐

1. 找《对花》。

学生听第一乐段，找找《对花》的旋律。

2. 识乐器。

学生识别图中乐器并听辨音色：小提琴、长笛、短笛、双簧管。

3. 辨音色。

（1）学生听辨双簧管与长笛的音色。

（2）学生观看双簧管与长笛演奏视频。

（3）学生模拟双簧管与长笛的演奏。

（4）学生听辨短笛与小提琴的音色。

(5) 学生分成四个乐器组,聆听第一乐段并模拟演奏,教师指挥。

(6) 学生欣赏第一乐段演奏视频。

(二) 聆听第二乐段——探究要素变化,品味赏花之趣

1. 师:接下来,让我们静静聆听第二乐段,听听第二乐段的主题与第一乐段有什么不同?带给我们的是怎样的场景?(播放长笛演奏的主题音乐。)

生:音乐表现的是人们在百花园中赏花的情景,看到多姿多彩的花儿尽情地绽放,人们的心情顿时愉悦起来。

2. 学生听辨主题出现的次数。

3. 教师画旋律花朵,提示学生感受力度和音色的变化。

4. 学生聆听长笛演奏,听辨伴奏乐器,感受轻松自在的心情。

5. 学生随音乐结伴"漫步百花园",体会赏花乐趣。

6. 学生聆听第二乐段,表演"花儿绽放",体会景致和心情的变化。

(三) 完整聆听,升华情感

1. 学生完整聆听全曲,听辨出不同片段。

2. 学生了解作品结构。

3. 学生交流小结。

(指导:徐惠琴;执教:罗怡)

注:本课例是杭州市江心岛小学音乐教师、徐惠琴名师智慧空间站学员罗怡老师在杭州市小学音乐新课程课堂教学评比中执教的高年级欣赏课,获得一等奖;参加杭州市"一

师一优课，一课一名师”评选活动获一等奖；在浙江省教育厅“百人千场”名师送教活动、浙江省教育厅教师培训项目“音乐教育新体系与小学音乐课堂融合的理论与实践”教学观摩、杭州市新锐教师培训工程小学音乐课堂教学观摩等活动中多次作教学展示；本课教学设计发表于《中小学音乐教育》杂志2016年第10期和专著《基于核心素养的十个课堂样本》中。

指导手记

《对花》是我国作曲家、音乐教育家鲍元恺先生的《炎黄风情——中国民歌主题24首管弦乐曲》中第一组曲《燕赵故事》中的第四首作品，教材中还收录了他的第二组曲《云岭素描》中的《小河淌水》。《炎黄风情》组曲以经典优美的民歌旋律和绚丽多彩的管弦乐色彩，生动展示了汉族人民的生活画卷，是传承民族音乐文化的佳作。

本课教学融合民歌和器乐曲，教学内容整合合理，教学方法运用得当，充分调动学生的感知觉和想象力，使其对作品有比较全面的感知了解，获得精神愉悦和情感满足。

一、教学内容整合合理

《炎黄风情》组曲以民歌为素材，管弦乐《对花》就是根据河北民歌《对花》改编而成的。民歌结构短小，学生容易感受。本课融合民歌展开教学，首先采用“猜花名”游戏进行传花、问答，让学生初步了解“对歌”形式；之后，学生聆听河北民歌《对花》，了解演唱内容，进一步体验“对歌”；接着以男女生对唱的形式表现“对歌”，通过对唱旋律、聆听演奏、用“da”“lü”模唱、运用跳音与连音唱法演唱等多种形式的对唱，使学生熟悉《对花》的旋律，感受作品情绪，体验愉悦的情感。通过“猜、听、唱”的实践活动，学生对河北民歌《对花》的旋律有了一定的记忆，对“对歌”的形式有了直观感受，由此自然进入到乐曲的欣赏环节，有助于其深入体验作品所表现的意境和情感。

二、教学方法运用得当

《炎黄风情》组曲所表现的意境、情感是非常生动、形象、细腻的，作曲家以民歌旋律为素材，运用管弦乐丰富的色彩来表现，因此在作品欣赏中要注重对乐器色彩的感受。

本课通过聆听、表演等活动，让学生感受音色变化、力度变化、织体变化，想象作品表现的不同意境、场景及情感的变化。主要运用探究性、实践性的方法，采用绘画和律动的手段。其中，简笔绘画和“花儿绽放”的律动表演较好地运用了听觉、视觉、动觉等感官联觉，引导学生感受、联想、认知、体验，充分进行自主欣赏与自我表达。

以下二图为教师随第二乐段音乐所作的画。

左图是教师第一次执教时所作的，通过此画，学生能够知道第二部分三次重复是有变化的，粗的线条、大花朵是音乐中力度强的部分，细的线条、小花朵是力度弱的部分。那么怎样让学生感受力度渐强的变化、不同乐器的音色变化及织体变化，怎样来体会这些变化所表现的意境和情感的变化呢？

右图是议课之后改进的图。该图对花朵的呈现方式作了改变：不同线条、不同色彩、不同大小，表现力度渐强、乐器音色的色彩感和丰富的织体变化。学生逐段赏析，对力度、音色、织体作进一步鉴赏，想象不同意境，较深刻地体验了作品的情感变化。

教学修正的过程也是引领教师对作品更进一步深入解读的过程。

第二乐段的完整表现采用“花儿绽放”的律动表演，通过单人表演、多人表演、群体表演及动作幅度的变化，使学生感受赏花的意境变化：一朵一朵花→一片一片花→一望无际的花海，体验赏花人情感的变化：悠然闲适→愉悦陶醉→感叹热爱。音乐好像随着律动的手势、身体的感觉在流动，师生优美动情的表演诉说着内心的感受——“生活是如此美好”。

在小学民族音乐“体验式学习”教学研究中，我们着力于“优化教学内容”“创新教学方法”的实践探索，以期使小学民族音乐教学更趋完善，让民族音乐真正进入孩子们的心灵，以《对花》一课抛砖引玉，激荡思维火花。

（徐惠琴）

例十五　《编花篮》——表现/音乐与相关文化

课　　型：演唱课。

年　　级：五年级。

课　　时：1 课时。

教学内容

教材内容：“人音”版义务教育教科书·第十册第六课演唱作品《编花篮》。

课外资源：《谁说女子不如男》（豫剧《花木兰》选段）。

教材分析

《编花篮》是一首具有河南地方特色的民歌，描写姑娘上山采牡丹花巧手编制花篮的情景。整个曲调依照河南方言行腔，尤其是衬词“那哈依呀嗨”的运用，使之具有浓郁的河南梆子韵味，散发着中原泥土的清香。曲调为七声宫调式，较多运用前倚音，给人以轻松、活泼、愉快之感。歌曲前五个短句每乐句为两小节，采用重复和变化重复的方法构成，后两个乐句每乐句为三小节，节奏紧凑，一气呵成。

学生情况分析

五年级学生的音乐学习经验和歌唱能力已有一定的积累和基础，他们参与音乐活动的意识和交流的愿望增强，获得知识和信息的途径也逐步增多，喜欢倾听优美动听的音乐作品，对音乐的理解力和表现力较好。因此，教学中，应遵循他们的身心发展规律和内心的音乐需求，提升他们的歌谱视唱以及歌唱合作、声音表现能力，调动学生在各种感官的相互融合、相互作用中加深对音乐的感知，并在学习过程中激发他们对民歌的热爱。

教学目标

1. 能用明快的声音、饱满的情绪准确地演唱歌曲，体验和表达人们对美好生活的追求与向往。

2. 通过律动、模仿、表演、跟读等活动，掌握歌曲中一字多音的准确演唱，表现河南民歌的风格和韵味。

3. 乐于参与演唱、表演、欣赏等实践活动，从中了解河南民歌的风格特点，拓宽学生的民族音乐文化视野。

教学重点

用明快的声音、饱满的情绪准确地演唱歌曲，了解河南民歌的风格特点。

教学难点

准确演唱歌曲中带有装饰音和衬词的旋律；表现河南民歌的韵味。

教学准备

多媒体课件、牡丹花图片、扇子（根据班级学生人数准备）。

教学过程

一、整体感知，初探音乐风格

（一）律动表演

播放《编花篮》伴奏音乐四遍。

（跪坐）X	X	X	X X	（重复五个乐句）
拍腿	拍腿	拍腿	拍手 拍手	

X	–	X	X	X	X
双手击掌向上打开		拍手	拍手	拍腿	拍腿

X	X	X	–	X	–
拍腿	拍腿	双手击掌向上打开			

（二）互动交流，了解河南

1. 师生交流对音乐的初步感受；教师介绍河南。

2. 教师介绍歌曲。

（1）学生聆听歌曲，了解演唱内容。

（2）教师出示《编花篮》歌名。

（3）师：花篮里装了什么花？（教师即兴演唱“摘，摘，摘牡丹”。）

（三）扇子表演，感受曲调

1. 教师做律动表演,学生观察。(播放范唱,慢速两遍。)

2. 交流与模仿。师:老师做了哪几个动作?我来唱你们来做。

3. 教师指导“银个丹丹银牡丹”“那哈咿呀嗨”动作表演。

4. 学生随音乐用扇子表演“牡丹花开”。

5. 学生随音乐逐个表演。(音乐播放三遍)

二、学唱歌曲,品味作品韵味

(一)了解结构

教师边唱边出示牡丹花图片,直观呈现歌曲结构。

(二)学唱旋律

1. 听辨旋律。师:大家看,这里有五条顺序打乱的旋律,接下来老师唱一唱第一列五朵花的旋律,请同学们仔细聆听,想一想第二列的五朵牡丹分别对应哪一条旋律?

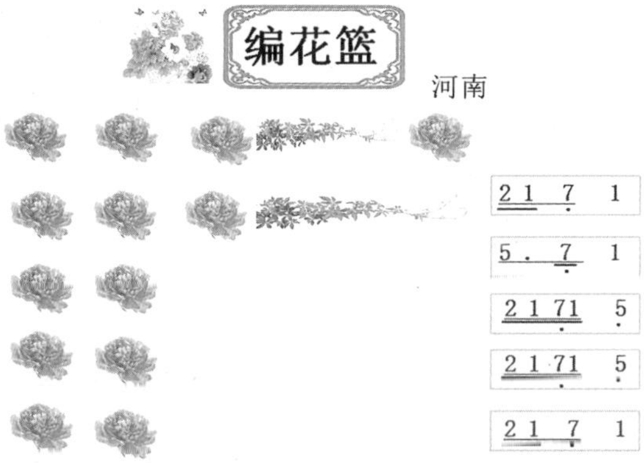

2. 师生接唱,教师指导演唱(音准、节奏、大跳等)。

(1)按顺序排列旋律,师生接唱。

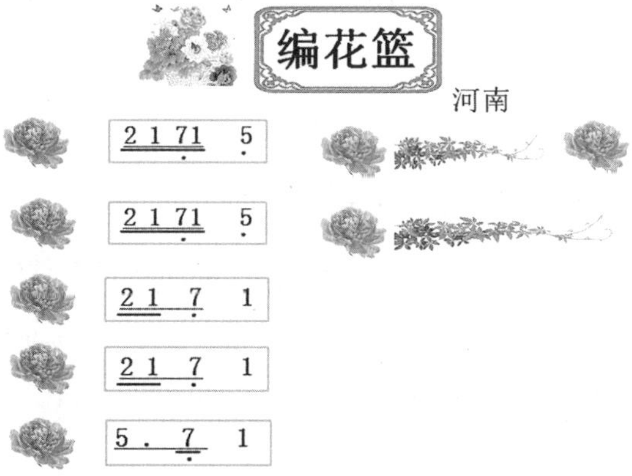

（2）学生对比旋律，了解重复的创作手法，感受歌曲韵律。

（3）教师指导第五句旋律大跳的演唱。

（三）学唱歌词

1. 师生接唱歌词。

2. 学生完整演唱歌词，先用慢速再用原速。

3. 教师分句指导，品味歌曲韵味。

（1）教师指导学生探究歌词的归韵并演唱。师：编花篮、上南山、红牡丹、开得艳，它们的韵母都是 an，我们唱的时候吐字需再饱满一点。

（2）教师指导第一句倚音演唱，品味民歌韵味。

（3）教师用方言读“编花篮”，学生在听、读中体会韵味。

（4）学生从“朵朵花儿开得艳”“银个丹丹嗨银牡丹”的品唱中感受河南人豪爽的性格和河南豫剧的甩腔特色。

（5）学生完整演唱歌曲。

4. 学生背唱歌词。

5. 学生演唱并用扇子表演（师：同学们可以像满天星一样找到自己开放的地方，高低左右都可以，也可以两三个同学组合起来表演）。

三、赏戏曲，感受文化特色

1. 教师演唱表演“呀哈咿呀嘿”戏曲动作，引出豫剧。

2. 学生欣赏豫剧《花木兰》视频选段，感受豫剧中的甩腔。

3. 学生学习豫剧亮相动作：提襟、甩头、瞪眼。

4. 学生再唱《编花篮》，表现甩腔韵味。

5. 学生随《编花篮》演唱舞动扇子出教室。

（指导：徐惠琴；执教：章瑾）

注：本课例是杭州市大关中学附属小学音乐教师、徐惠琴名师智慧空间站乐者圈教师章瑾老师在浙江省教育厅教师培训项目“多维体验，创新教学——基于奥尔夫音乐教学法的音乐课堂教学能力提升培训”教学观摩活动中执教的高年级演唱教学展示课；以本课例研究为素材撰写的论文《基于文化视域下民歌歌唱教学途径的探究》获得 2018 年浙江省中小学音乐教学论文评比二等奖、2017 年杭州市中小学音乐教学论文评比一等奖。

指导教师评析

随着先进教学理念和教学方法的推广,音乐教师日渐注重对作品音乐要素的感知和体验,音乐的本体性受到关注。但同时,我们也发现教师对音乐的整体性认知(即音乐形态、音乐行为、音乐意识)还是不够全面。音乐最终是文化的整合,对音乐的审美不能仅停留于浅表的感知,音乐教学,尤其是民族音乐教学,不能忽略文化的重要影响。“体验式学习”注重音乐教学的“意味”,即“文化性”,因此,“体验式学习”的民族音乐课堂教学倡导从文化形态的角度来感受民族音乐的魅力。

《编花篮》一课在这方面做了非常有益的尝试,以寻找音乐和文化的多维联系,有机地把民歌中的歌词、旋律、情境、风格与文化中的方言、戏曲、生活场景、地域特色相融合,寻找民歌歌唱教学的有效途径。

一是“追寻地域特色,把握民歌风格”。民歌的地域色彩,决定了它在音乐上的独特个性,构成其特有的美感。在教学中,教师从歌曲地域性入手,通过“律动表演、了解地理位置、聆听演唱内容”,将这首具有河南地方特色的民歌与一群姑娘上山采摘美丽的牡丹花巧手编制花篮的情景相联结,以点带面地让学生感知歌曲的地域特色和独特风格。

二是“品味地方戏曲,探寻民歌韵味”。民歌和地方戏曲因为地域的特色而有着密不可分的关系,在一些民歌中可以感受到地方戏的特点。在教学中,结合相关联的地方戏曲,可以更直观地帮助学生感悟音乐特点。本课让学生参与“听豫剧的行腔特点、看豫剧的表演视频、做豫剧的亮相动作”这一系列实践活动,使学生对“甩腔”的韵味有更深入的体验。

三是“模拟生活场景,感受民歌情境”。情境表演一直是学生体验、感知音乐的重要方式之一。因民歌来源于劳动和生活的特征,在教学中,融于情境的学习显得更为直接和有效。河南洛阳是牡丹之乡,歌曲表达了人们采摘牡丹喜编花篮的生动场面和美好心情,也蕴含了洛阳牡丹的地方文化。在教学中,教师设计用扇子表演“牡丹花开”的情境,学生或三五成群一起表演,或独自起舞,“牡丹花”这里一簇,那儿几朵。整个活动歌声美、造型美、色彩美,孩子们的笑脸更美,当然,心情也是美滋滋的。在生动的情境中,“听觉、视觉、动觉”触动美妙的“感觉”,给学生和教师留下难忘的印象。

四是“融入方言念唱,表达歌词意蕴”。语言特征也是民歌的重要表现因素之一。方言演唱的地方色彩浓郁,极具朴实的乡土气息。因此,将方言融入、迁移到民歌演唱中,歌词的意蕴和情感表达就会变得简单而有趣了。《编花篮》较多运用了前倚音，使其显得轻松、活泼，风趣。因此，要唱出“编编编花篮”的特点，把握好前倚音是关键。教学通过方言的解析，迁移到倚音的表现，使学生在跟读方言的过程中轻松有趣地掌握前倚音的唱法，用略上扬的、发音扁扁的“编花篮”充分表现出开朗爽利的性格和风趣闲适的感觉。

“民歌的教学应追溯民歌的本源，回归生活和民歌教育的本质，从文化内涵的角度发散。”我们相信，如此“有趣有效有意味”的教学一定是更有生命力的。

（徐惠琴）

例十六　《月亮姐姐快下来》——表现

课　　型：演唱课。

年　　级：六年级。

课　　时：1 课时。

教学内容

“人音”版义务教育教科书·第十一册第三课演唱作品《月亮姐姐快下来》。

教学背景分析

（一）演唱标准分析

《月亮姐姐快下来》是义务教育教科书六年级上册第三单元“美丽童话”主题的一首学唱歌曲，由齐唱和轮唱两种形式组成，本课以演唱教学为主。

“课标”中对三至六年级这一学段在演唱教学方面提出“乐于参与各种演唱活动”“能够用正确的演唱姿势和呼吸方法唱歌”“能够用自然的声音、准确的节奏和音调，有表情地独唱或参与齐唱、轮唱、合唱”“重视并着力加强合唱教学，使学生感受多声部音乐的丰富表现力”等教学要求和建议。

对照上述标准，《月亮姐姐快下来》一课要求学生在演唱方面达到的标准为：准确、连贯、流畅地演唱歌曲旋律，用柔和的声音、连贯的气息和愉悦的情绪演唱歌曲；巩固轮唱的演唱技能，感受优美和谐的声音效果带来的美感，表现歌曲的优美意境，表达热爱自然、热爱生活的美好情感。

（二）教材分析

《月亮姐姐快下来》是一首优美抒情的儿童歌曲，$\frac{3}{4}$ 拍，速度较慢。“X X X X X | X X X – |”的节奏型贯穿全曲，显得平稳连贯；“**1**、**3**、**5**”三个基

本音构成的曲调上下行结合，起伏流畅；朴实、充满童真的歌词表现了“孩子们在月下唱歌、玩耍，想象天上神话”的美好意境。

歌曲由齐唱和轮唱两种形式组成。齐唱部分表现恬静温柔的月亮姐姐的美丽形象；轮唱部分表现孩子们对月亮姐姐发出热情的呼唤和诚挚的邀请。歌曲表现了愉悦的情绪，表达了孩子们热爱自然、热爱生活的美好情感，反映孩子们对美好生活与事物的向往和追求。

学生情况分析

这首歌曲的教学对象是六年级学生，高年段学生在演唱方面已经具有了良好的唱歌习惯，能够用正确的演唱姿势和呼吸方法唱歌，能够对指挥做出恰当的反应，具有一定的合唱技能。这首歌曲的节奏、曲调对高年段学生来说还是比较容易掌握的，演唱的指导要着力于“气息连贯地演唱，巩固轮唱技能”，重点指导歌曲轮唱部分最后一个乐句的演唱。

高年段学生感知体验和探究活动的能力增强，但不像低年段学生那样好动、好模仿。因此，教学中要突出作品的音乐特点，以丰富的教学内容和生动活泼的教学形式引导学生积极参与实践活动。

教学目标

1. 能够用柔和的声音、连贯的气息和愉悦的情绪演唱《月亮姐姐快下来》，巩固轮唱的演唱技能，感受优美和谐的声音效果带来的美感，表现歌曲优美的意境，表达热爱自然、热爱生活的美好情感。

2. 能够运用手势、身体打击乐、律动、图谱等方式自主探究旋律的进行、节奏、结构、情绪等特点，能够准确、连贯、流畅地演唱歌曲旋律。

3. 能够运用“三拍子律动表演”和打击乐器（风铃、三角铁、彩色按钟）伴奏的形式丰富歌曲的表现形式。

教学重点

用柔和的声音、连贯的气息和愉悦的情绪演唱《月亮姐姐快下来》，巩固轮唱的演唱技能，表现歌曲的优美意境，表达热爱自然、热爱生活的美好情感。

教学难点

1. 用连贯的气息演唱歌曲。

2. 准确、和谐地演唱轮唱部分的最后一个乐句。

教学思路

本单元主题为“美丽童话”，作品充满了童话色彩，带给孩子们新奇的体验和美好的遐想。本课围绕“月亮与孩子”的美好意境展开教学，强调音乐体验，突出音乐特点，注重音乐实践。在“整体感知，初入意境”“学唱旋律，渐入意境”“学唱歌词，深入意境”“谈话交流，意境入心”的学习过程中，引导学生借助律动、身体打击乐、手势、图谱等多种手段积极参与歌曲的感知、演唱和表现等各种体验活动，激发想象，动情歌唱。

教学准备

1. 多媒体课件：PPT(《月亮姐姐快下来》伴奏音乐、曲谱与歌词)。

2. 学具：图谱卡片(4张)、音符磁贴(16个)、彩色纱巾(1条)。

3. 打击乐器：风铃(1个)、三角铁(1个)、彩色按钟(3个：D、G、B)。

教学过程

一、整体感知，初入意境

1. 学生聆听音乐，随音乐放松地摇摆身体。(播放《月亮姐姐快下来》伴奏音乐。)

2. 教师分别用拍手、拍腿动作表现二拍子、三拍子，学生辨别并选择作品节拍。

3. 律动感受。

(1) 全体学生随伴奏音乐整齐地做三拍子律动表演：双手朝前缓缓上举至头顶，然后慢慢放下至身体两侧。(要求：动作自然、放松，二拍变换一次动作。)

(2) 视觉卡农：学生分成两组，随伴奏音乐做卡农律动表演。

(3) 学生随伴奏音乐完整表演：在前奏部分左右摇摆身体，齐唱部分整齐地表演，轮唱部分做卡农表演。

设计意图：在轻松的氛围中带着愉悦的心情开始学习，引导学生对音乐作整体感知；运用律动表演让学生感受三拍子流动摇荡的韵律，并采用“全体表演”和“分组表演”的形式呈现“整体”与“卡农”两种视觉效果，让学生初步感受歌曲的结构和意境。

二、学唱旋律，渐入意境

1. 复习单音：**1 3 5**。

2. 演唱音组。

(1) 教师演示柯尔文手势，学生唱出这个音组的唱名：$\underset{\cdot}{5}$　1　5　3。

（2）教师给出首音手势，用“lu”模唱音组各音，学生听辨并唱出两个音组的唱名：3　5　3　1,1　5̣　3　1。

（3）学生完整演唱四个音组。

（4）教师出示音组图谱卡片并演唱唱名，学生听辨音高并贴上音符。

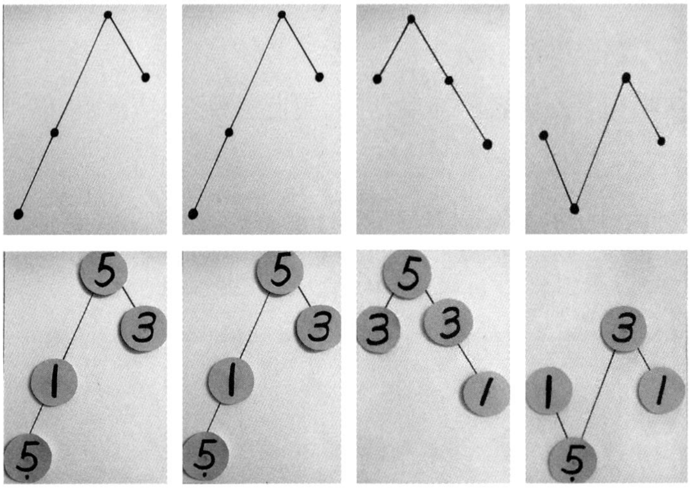

3. 学唱旋律。

（1）教师用手势演示音组 1 的音高与节奏，学生按节奏演唱第一乐句旋律。

（2）师生用身体打击乐演示节奏：XX XX͡X | XX X – ‖。

（3）学生按相同的节奏尝试演唱第三、四乐句的旋律。

（4）教师指点图谱，学生完整演唱四个乐句的旋律。

（5）教师用钢琴演奏旋律，学生用“lu”模唱。

4. 感受旋律。

（1）教师边唱边舞动纱巾，问：你觉得这段旋律和舞动的纱巾有什么关系吗？

（2）学生用“lu”模唱旋律，模仿纱巾舞动，感受旋律特点。

① 双手舞动：手捧纱巾状由左边经上方落至右旁，连续划动两个半圆状。

② 单手舞动：拉长纱巾的舞动轨迹，单手先上扬再往右旁落下。

（要求：按照乐句表演，一个乐句舞动一次。）

设计意图：从作品的主干音着手，运用柯尔文手势、图谱、身体打击乐、律动等多种方式展开“单音→音组→旋律”的学习。“手势辅助”用以唱准音高，“身体打击乐”用以掌握节奏，“纱巾舞动”帮助感受曲调、结构和情绪特点，引导学生在各项实践活动中自主探究，细致感受流畅优美的旋律表现的朦胧幽静的意境。

三、学唱歌词，深入意境

（一）学习齐唱部分

1. 教师演唱，学生聆听。

2. 教师领读，学生做老师的“回声”，逐句跟读歌词。

3. 学生学唱歌词。

（1）教师用手势辅助学生唱准音高和节奏。

（2）学生尝试连贯演唱，一口气唱一个乐句。

（3）学生用亲切、喜悦的语气演唱，唱出对月亮姐姐的喜爱之情。

（二）学习轮唱部分

1. 学生有感情地演唱齐唱部分，教师接唱第二部分。

2. 教师出示歌词，学生齐读。

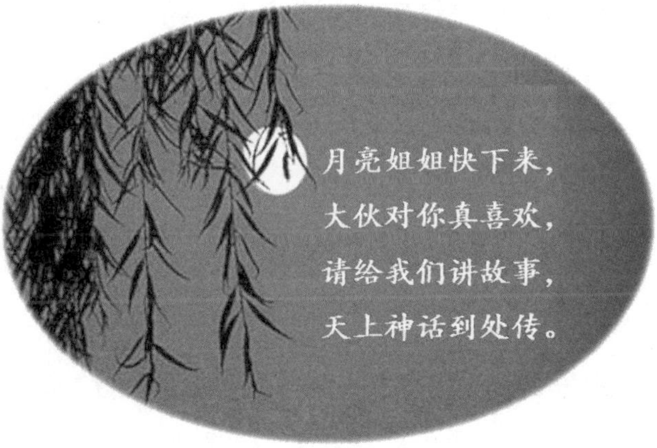

3. 学生学唱第二部分歌词。

4. 学生背唱歌词。

5. 学生学习轮唱。

（1）学生演唱第一声部，教师演唱第二声部。

（2）教师演唱第一声部，学生演唱第二声部，着重聆听结束处。

（3）学生学唱“天上神话到处传，到处传”，教师指导音准、节拍、力度、速度。

（4）师生合作轮唱“天上神话到处传”一句：学生演唱第一声部，教师演唱第二声部。

（5）生生合作轮唱“天上神话到处传”一句。

（6）教师出示歌谱，学生完整演唱轮唱部分。

（三）完整演唱与表现

1. 学生随伴奏音乐完整演唱全曲。

2. 乐器伴奏。

（1）在前奏的第四乐句加入风铃。

（2）在每个乐句的第一拍演奏三角铁。

（3）学生完整演唱歌曲，加入风铃和三角铁伴奏。

（4）教师出示彩色按钟并演示，之后由学生即兴伴奏。

（5）学生用三件乐器伴奏，完整演唱歌曲。

3. 综合表演。

前奏部分：手拉手轻轻摆动身体。

齐唱部分：演唱并做三拍子律动，全体整齐表演。

轮唱部分：分组轮唱并做三拍子律动的卡农表演。

乐器伴奏：前奏——风铃；演唱部分——三角铁+彩色按钟。

尾声：轻轻走步找到伙伴，或者独自一人静静坐下。

设计意图：围绕歌词表现“孩子们在月下唱歌、玩耍，想象天上神话”的美好意境，借助手势辅助、体态律动、乐器伴奏、合作表演等多种教学手段引导学生积极参与歌曲的演唱和表现等各种体验活动，注重演唱的音准、气息、情绪、二声部配合等方面的指导。

通过“做老师的‘回声’”朗读并记忆歌词，通过交流探讨、练习二声部轮唱，再通过“完整演唱，运用风铃、三角铁和按钟给歌曲伴奏，演唱伴奏与表演”等多种方式不断激发学生的演唱热情，引导学生深入感受和表现歌曲的美好意境。

四、谈话交流，意境入心

1. 师生谈话交流：儿时记忆中神秘温暖的月亮；要用心感受身边美好的事物和瞬间。

2. 学生随伴奏音乐“踏月而归”。

设计意图：师生交流分享儿时对月亮的记忆，聆听音乐感受意境，自然生发出对美好生活与事物的向往和追求，“月亮姐姐快下来”能够成为孩子们生活中经常可以被唤起的感动。

（执教：徐惠琴）

注：本课例是本书作者徐惠琴老师在中国文联、中国音乐家协会组织的优秀专家志愿者“乡村音乐教师培训项目”中所作的“优秀中小学音乐范例课程”展示课之一；在浙江省教育厅“浙派名师名校长培养工程”音乐名师成果展暨全省观摩活动中作精品课展示；本课教学设计发表于《中小学音乐教育》杂志 2017 年第 4 期；以本课例为主要素材的报告《小学音乐课堂教学设计》在浙江省教育厅“百人千场”名师送教活动中作专题讲座交流；相关课题《中小学音乐教学体验式学习模式的建构》被立项为 2019 年浙江省教科研规划课题、2019 年杭州市基教教研重点课题；论文《中小学音乐课堂体验式学习模式的建构》发表于《中小学音乐教育》杂志 2019 年第 10 期。

设计思考

日本学者斋藤孝在《教育力》一书中讲道：“以长远的眼光来看，具备研究学者身份的教师，通常更可能成为一位好教师。”“你的内心深处必须怀有学者的研究热情。”对这一观点，我颇有同感。始终怀有“研究的热情”来对待教学这项平凡但富有创造力的工作，我们更有可能在漫长的三十多年的教学生涯中享受到精神的快乐。

要完成一个好的教学设计一定要潜心研究，要“三思而后行”。“一思”教学理念、教学思想。思想指导行动，从师生的课堂行为中可以了解教师提倡的、注重的是什么。教师的理念很重要，老师们不妨问问自己：“我的教学思想是什么？”“二思”教学的核心与途径。音乐教学的核心是审美体验，通过教学，让学生获得审美能力的提升与发展。“音乐的感受是教不会的，音乐教师的责任就是搭个桥，帮助学生进入到音乐中去。”参与实践、亲身体验是进入音乐最直接有效的途径，因此，我们提倡“体验式学习”。“三思”教学目标、教学内容、教学方法等具体的操作策略。目标、内容、方法和媒介等的合理化是达成“有趣有效有意味”的音乐教学的主要因素。因此，我们在教学设计中要重点关注这些（参见本书第四章）。

“教师对作品的深刻感悟”是教学设计的基础，它决定了“你能把学生带到哪里”。因此，准确、深入地解读作品是重要前提。我们首先能够从教学的文本设计中看出教师领悟作品的深度。比如，“教材分析”是否能够从音乐的角度、人文的角度以及个性化理解的角度对作品全面而细致地予以剖析；“学生情况分析”是否充分考虑到“学生年龄特征与认知特点、学生音乐审美兴趣与爱好、学生已有的音乐基础与经验”这些因素（参见本课例

"学生情况分析"对照理解);是否准确把握了作品的"教学重点"和"教学难点",并在具体的"教学过程"中一一落实。解读有深度了,设计才会有厚度。希望《月亮姐姐快下来》文本设计能够为大家提供有益的参考。

一个好的教学设计反映出教师对教学理念的理解执行能力、对教材作品的解读感悟能力、对教学方法的选择运用能力、对音乐文化的了解融合能力。要将文本、设想在课堂中理想地呈现出来,对教师来说是一个需要不断磨练、成长的过程,需要教师具备"积极的情绪、优秀的专业技能、丰厚的专业知识、灵活的驾驭能力"等素养与能力,更重要的是"永恒的爱心"和"儿童立场"。

每一个作品,每一堂课,我们都要精心设计,用心教学,让孩子们充满期待与欢喜。

(徐惠琴)

例十七　《化装舞会》
——感受与欣赏/音乐与相关文化

课　　型:欣赏课。

年　　级:七年级。

课　　时:1 课时。

教学内容

教材内容:“人音”版义务教育教科书·七年级下册第四课欣赏作品《化装舞会》。

关联资源:《红河谷》(加拿大民歌)。

教材分析

《化装舞会》是一首著名的探戈舞曲,在阿根廷家喻户晓,被人们称作阿根廷的第二国歌,也是最早传到我国的探戈舞曲之一。作品由作曲家马托斯·罗德里格斯创作,g 小调,$\frac{4}{4}$拍,复三部曲式,A 乐段和 B 乐段节奏特点、旋律特点鲜明,表现出探戈“欢乐与忧郁并存”的情感内涵。

学生情况分析

七年级学生在上册《缤纷舞曲》单元中,通过欣赏《蓝色的探戈》对探戈已经有了初步的认识,在此基础上学习《化装舞会》有进一步加深对探戈舞曲印象之意义。七年级学生正处于青春期,思维活跃,见识不断扩展,自主意识不断增强,喜欢特色鲜明、丰富、感染力强的作品。本课教学以丰富的实践活动引导学生积极参与,引发他们的联想和想象,使他们保持学习热情,充分感受探戈舞曲的风格特点。

教学目标

1. 聆听《化装舞会》,尝试用探戈节奏为《红河谷》伴奏,感受优秀的美洲音乐魅力,并激起对探戈音乐的喜爱之情。

2. 能够听辨《化装舞会》的 A(a)段主题和 B(b)段主题,感受和了解不同节奏、旋律所表现的情绪变化，品味探戈“欢乐与忧郁并存”的情感内涵。

3. 了解复三部曲式；感知休止符、升记号、顿音记号对音乐表现的作用；乐于参与探戈典型动作的学习，通过表演对探戈的风格有比较深入的体会。

教学重点

聆听《化装舞会》，听辨A(a)段主题和B(b)段主题，感受和了解探戈舞曲的风格。

教学难点

感受两个主题不同的节奏、旋律所表现的情绪变化，体会、品味探戈“欢乐与忧郁并存”的情感内涵。

教学准备

多媒体课件、钢琴、面具(2个)。

教学过程

一、导入

1. 聆听《蓝色的探戈》片段，思考：这是哪种舞曲体裁的音乐。

2. 学生回答后教师介绍：探戈来自阿根廷，有两种节拍，分别是$\frac{4}{4}$拍、$\frac{2}{4}$拍。

二、欣赏《化装舞会》

(一) 介绍作品

师：作品源自探戈的发源地阿根廷，被誉为阿根廷的第二国歌，是最早传到我国的探戈舞曲之一。作品名叫《化装舞会》，那么，在舞会当中究竟会发生什么呢？我们一起来聆听。

(二) 分段欣赏：A乐段

1. 学生聆听A(a)主题，细心感受它的节奏。

2. 感知节奏特点。

拍手 $\frac{4}{4}$ X 0 X 0 X 0 X 0 | 0 X X X X X 0 ‖

跺脚 $\frac{4}{4}$ X X X X | X X X X ‖

(1) 教师请个别学生拍一拍第一条节奏，纠正错误后，全体学生一起拍奏。

(2) 学生用跺脚的形式表现第二条节奏。

(3) 学生同时用拍手和跺脚的方式表现以上节奏一遍。

（4）教师示范左右走动并拍手，学生模仿学习。

（5）学生随音乐用左右走动并拍手的方式表演。注意姿势挺拔、步伐速度稳定、声音好听。

3. 感知旋律特点。

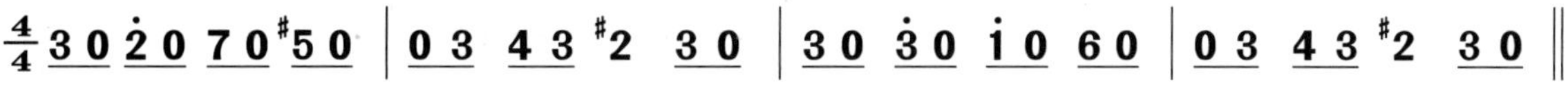

（1）教师出示曲谱，学生视唱，认识升记号，教师指导音准。

（2）学生聆听教师演唱（两遍），听一听这两遍不同的感觉。（听出跳跃感。）

（3）教师出示音乐记号，学生再次跟琴视唱曲谱。

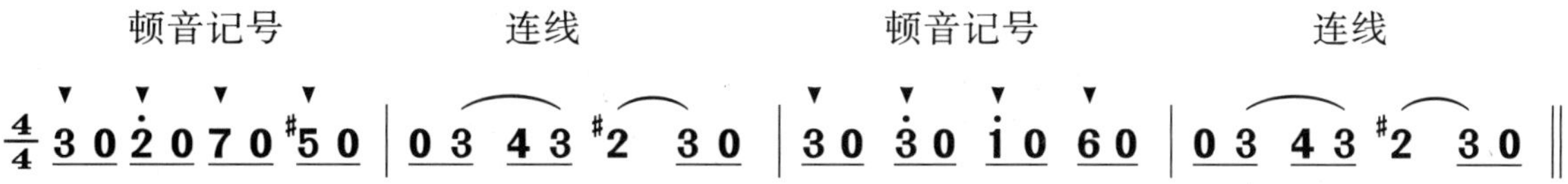

（4）学生用手画旋律线，通过音与音间的跨度大小感知旋律进行特点：第 1、3 小节跳进，第 2、4 小节级进；教师出示图谱。

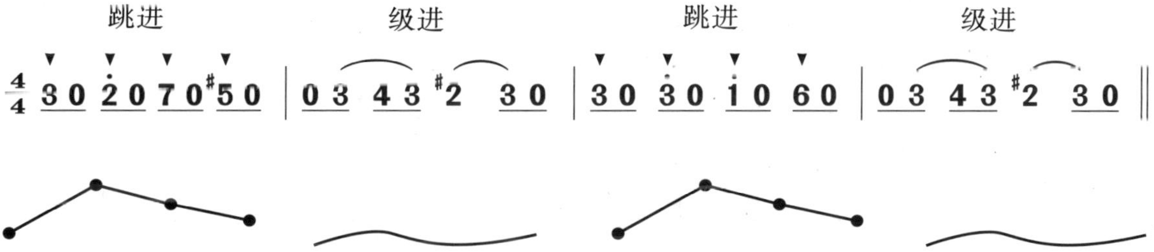

（5）用“bong”（第 1、3 小节）和“lu”（第 2、4 小节）再次模唱旋律。

（6）教师小结：这段旋律跳跃起伏，再加上多休止符的节奏，使音乐欢快活泼又不失果断。这种音乐特点，在探戈舞蹈中也有体现。

4. 感知舞蹈特色。

（1）欣赏探戈舞蹈视频，找一找这段舞蹈中最具有代表性的动作。

（2）教师问：为什么在探戈舞蹈中会有甩头动作呢？学生交流，教师作介绍。

（3）教师表演，学生观察：舞者在什么时候甩头，表情是怎样的。（严肃。）

（4）交流并学习。

4/4 X 0 X 0 X 0 X 0 | 0 X X X X X 0 ‖ 在前八分休止符处快速甩头。

① 学生拍节奏，集体表演在前八分休止符处快速向左甩头。

② 教师请中间两列小组尝试表演。

③ 学生随音乐表演：教师请一男一女两名学生上台表演（戴上面具，男生向右甩头，女生向左甩头），其他同学分两组表演，甩头方向与台上两名同学一致。

5. 完整感知。

（1）学生完整欣赏 A 乐段。师：我们已经知道 A 乐段第一主题，这个乐段中还有一个新的主题，当听到新的主题时请举手示意，并思考整体情绪是怎样的。

（2）学生交流，教师总结：A 乐段曲式结构为 aba'，整体情绪是欢乐的。

师：当狂欢的人们沉浸在欢乐之中时，音乐悄然发生了变化。

（三）分段欣赏：B 乐段

1. 聆听 B(b) 主题。

思考：音乐色彩发生了怎样的变化。（变为忧郁的。）

2. 学生视唱 B(b) 主题曲谱（无连音线），手画旋律线，感知旋律进行特点：起伏小。

3. 加入连音线，学生再次视唱，体会旋律特点：连绵不断的，更柔和，逐句下行。

4. 用“la”再次模唱 B(b) 主题

B 段(b)

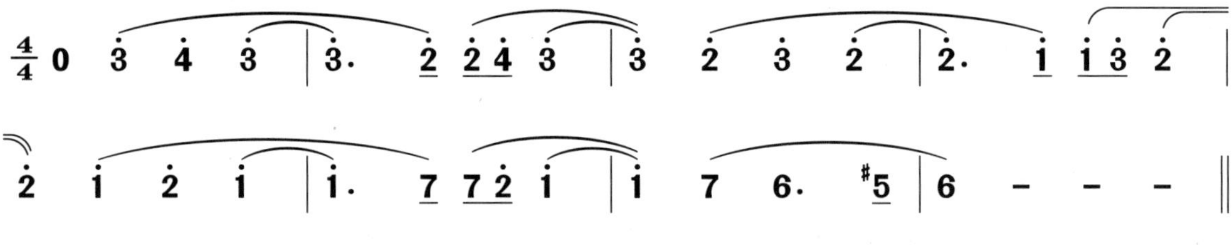

5. 学生完整聆听 B 乐段并交流乐段的整体情绪是怎样的。

6. 学生讨论：为什么会有这种情绪。

学生交流之后教师小结：因为阿根廷独立后，上百万的欧洲移民涌入阿根廷，刚开始他们满怀着对生活的希望和热情，可是在残酷的现实生活中他们越来越失望，为了排遣心中的苦闷和对家乡的思念，他们选择了探戈。

（四）完整聆听管弦乐曲《化装舞会》

师：我们欣赏了乐曲的 A 乐段和 B 乐段，之后乐曲反复，仔细听，重复了哪个乐段？

1. 学生完整聆听并思考：乐曲的曲式结构“A+B+?”。

2. 教师介绍复三部曲式。

3. 学生交流，教师小结：探戈舞曲的情感内涵是欢乐与忧郁并存。

三、拓展

（一）了解伴奏音型

教师介绍探戈典型伴奏音型，学生尝试拍奏。

拉丁美洲风格：$\frac{4}{4}$ X· $\underline{X}$ X X | $\underline{X}$ X $\underline{X}$ X X ‖

欧洲风格：$\frac{4}{4}$ X X X $\underline{X\ X}$ | X X X $\underline{X\ X}$ ‖

（二）运用感知

1. 学生复习演唱加拿大民歌《红河谷》，感受其抒情性。

2. 师：如果用探戈节奏为这首歌曲伴奏，你会选择哪一条呢？先请同学们试试看。（教师播放《红河谷》演唱音乐，学生自主选择练习探戈节奏伴奏。）

3. 教师请个别同学尝试伴奏，并予以纠正指导。

4. 集体拍一拍“$\frac{4}{4}$ X X X $\underline{X\ X}$”节奏，抓住重音练习。

5. 学生交流：加了探戈节奏的伴奏，有怎样不同的感受。（更动感、节奏感强、更跳跃。）

6. 教师小结。师：今天我们学习了探戈音乐，了解了探戈这种舞曲的体裁，希望同学们在平时的生活当中也能去关注探戈音乐，感受它的独特魅力。

（指导：徐惠琴；执教：张悦）

注：本课例是杭州市风帆中学音乐教师、徐惠琴名师智慧空间站学员张悦老师在浙江省教育厅教师培训项目“创新与引领——初中音乐教师课堂教学与教研能力提升”教学观摩活动、杭州市下城区第十一届课堂节音乐学科“儿童立场，指向智慧”专题研讨活动中执教的初中欣赏教学展示课；以本课例研究为素材撰写的论文《有效聆听——初中音乐欣赏教学探究与实践》获得 2018 年杭州市中小学音乐教学论文评比二等奖。

指导教师评析

“有效聆听”对培养学生音乐鉴赏能力，提高学生音乐感知能力、表现能力有着重要意义。在音乐欣赏教学中，应注重以音乐为本，从音响出发；以主体体验为主，用多种形式引导学生积极参与音乐活动。初中欣赏教学的“有效聆听”可以从“有效聆听的基础”“作品主题的有效聆听”“作品特色的有效聆听”几个方面着手。

1. 有效聆听的基础——多种形式创设情境，激起聆听的欲望。兴趣是音乐学习的根本动力，在欣赏教学中，单一的音乐聆听不易激发学生对音乐的“探究欲”。所以，在“初体验”阶段，应借助聆听音乐、观看视频、欣赏音画、动作表演等多种形式激发学生“主动聆听”的愿望。

2. 作品主题的有效聆听——在学唱中初步感知，在聆听中准确“捕捉”。主题旋律是音乐作品的核心，熟悉主题能更好地感受音乐的发展与变化。在整体欣赏作品之前，可以让学生先学唱主题旋律，再进行聆听赏析，引导学生关注主题的出现，在作品中准确地“捕捉”主题。当学生听到熟悉的主题时，他们会倍感亲切，更容易融入音乐之中，有利于学生准确地把握音乐形象，在聆听音乐的过程中准确辨认主题的重复和变化。如此，把学生的音乐思维调动起来，获得更好的审美体验。

3. 作品特色的有效聆听——抓住最具表现力要素，多感官参与聆听。在欣赏活动中，教师过多讲解反而会失去聆听的意义，应引导学生以联觉的方式把握音响的基本要素与其组织，感受作品的风格与特色，获得对音乐的形象认知。作品的不同乐段，往往由于音乐要素的影响使音乐产生风格、情绪等变化，教学中可以通过对比聆听，让学生进一步感受与理解，增强学生的音乐鉴赏能力。

比如在《化装舞会》对比欣赏 A(a)段主题和 B(b)段主题的教学中，教师不断鼓励学生用拍节奏、视唱主题、画旋律线等方式，帮助他们感受旋律的不同特点。先让学生拍一拍 A(a)段主题的节奏型“$\frac{4}{4}$ X0 X0 X0 X0 | 0X XX X X0 ‖”，使学生对探戈的节奏特点有初步了解。在视唱 A(a)段主题旋律时，让学生一边唱一边画旋律线，感受音与音之间的跨度大小。通过视唱和画旋律线，学生能马上感受到带顿音的旋律起伏大，带连线的旋律起伏小，从而引出“跳进”和“级进”的旋律进行特点。教师随即总结出“这段旋律跳跃起伏，再加上多休止符的节奏，使音乐欢快活泼又不失果断”。

在感知 B(b)段主题旋律时，教师先视唱不加入连线的曲谱，接着再加入连线并视唱，学生从教师的对比演唱中感受到加入连线的旋律更加柔和，有连绵不断的感觉。之后学生一边唱一边画旋律线，并思考“B(b)段整体旋律进行是上行、平行还是下行。”学生感受到旋律的“逐句下行”，教师随即追问“下行的旋律使我们感受到B(b)段的整体情绪是怎样的?”通过一系列形式多样的活动，学生始终专注于音响并被引导着感受旋律的特点：“A(a)段活泼跳跃，B(b)段忧郁连绵”，最后学生能够总结并感悟到“探戈有欢乐与忧郁共存的特点”。

音乐需要我们用心去聆听，要培养学生有效聆听的能力，使其学会自主欣赏音乐，在真善美的艺术世界里受到高尚情操的陶冶。

（徐惠琴）

例十八 《雪绒花》——表现/音乐与相关文化

课　　型:演唱课。

年　　级:八年级。

课　　时:1 课时。

教学内容

教材内容:“人音”版义务教育教科书·八年级上册第二课演唱作品《雪绒花》。

课外资源:《雪绒花》(电影《音乐之声》片段)。

教材分析

《雪绒花》是美国电影《音乐之声》中的一首插曲,幽雅恬静,旋律优美。歌曲为带再现的单二部曲式,$\frac{3}{4}$拍,中等速度。歌曲节奏基本以四分音符、二分音符、附点二分音符构成,旋律起伏不大。歌曲通过对雪绒花的赞美,寄托了主人公对亲人和家乡深深的热爱和祝福。

学生情况分析

八年级的学生在气息对声音的支撑、正确的歌唱状态等歌唱技巧上已有一定基础,但是还有待进一步提升;在多声部感知与表现上也有一定的学习基础。在教学中,教师需要通过各种教学手段,让学生乐于参与,努力营造多声部演唱氛围,从而带领学生感受作品的内涵。

教学目标

1. 能够用和谐的声音,饱含深情地合唱歌曲《雪绒花》,体会与表达歌曲的深情。

2. 积极参与声效游戏、学唱旋律、接唱、伴唱等多种形式的演唱活动,感受多声部配合的乐趣。

3. 感受与表现$\frac{3}{4}$拍韵律,感知旋律进行对情绪的影响,能够通过有力度变化的演唱表达情感。

教学重点

用和谐的声音，饱含深情地合唱歌曲《雪绒花》，体会歌曲的深情。

教学难点

二声部演唱音准（特别是第三乐句）；歌曲的情感体验与表达。

教学准备

多媒体课件、钢琴。

教学过程

一、游戏引入，点出主题

（一）“声效”游戏

教师通过手势的变化，带领学生初步感受多声部音响。

1. 长音游戏：学生念“si”，随教师手势变化感知进拍和收拍，感受力度的变化。

2. 短音游戏：学生念“bong”和“ci”，在教师手势高低变化中初步感知音高。

（二）旋律游戏

1. 学生在自然音阶的基础上从“mi”开始唱，观察教师的手位高低并唱出音符。

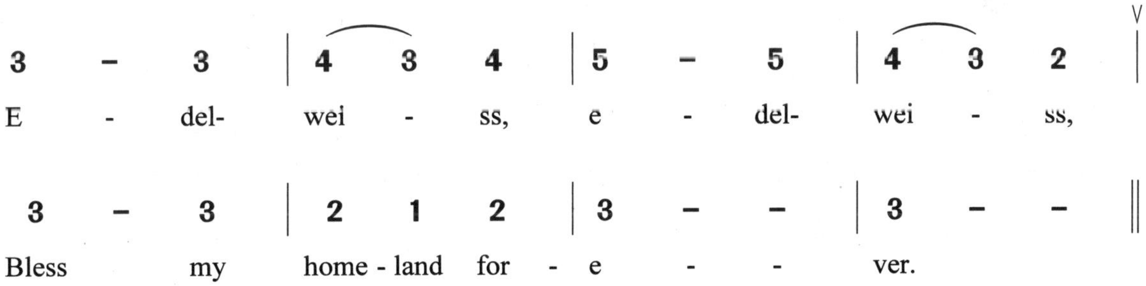

2. 学生视唱乐谱，并用“lu”模唱。

（三）综合体验

教师播放《雪绒花》伴奏，让学生通过分组、分乐句演唱的方式，随着《雪绒花》的伴奏综合体验声效游戏和旋律游戏。

（四）初步呈现主题

1. 填入歌词，引出“雪绒花”的主题。

学生先朗诵再歌唱，解决咬字问题。教师在歌词“bless my homeland forever”的中文释义中,引出“奥地利国花”。

2. 简要了解奥地利国花——雪绒花,概述其彰显的内在品质。

(1) 教师出示雪绒花的近景照片,让学生感受其纯洁外形。

(2) 教师出示雪绒花的远景照片,让学生感受其生长环境,理解其象征意义。

3. 播放视频,师生交流《雪绒花》及音乐剧《音乐之声》。

(1) 教师播放《雪绒花》音乐会版视频,让学生初识《雪绒花》。

(2) 教师播放《音乐之声》的简介视频,让学生了解音乐剧《音乐之声》。

师:《雪绒花》是《音乐之声》的经典插曲,上校全家在音乐节上演唱的《雪绒花》是这首歌曲在剧中的第二次出现,上校全家的纵情放歌,台下奥地利军人以及听众们的内心也都沸腾了,这表达了大家心中对祖国怎样的感情?

二、多重练唱,品味旋律

(一) 学唱旋律

1. 教师弹奏钢琴,学生识读完整乐谱,关注歌曲结构以及乐句特点。

师:哪几个乐句是完全重复的?哪几个乐句是变化重复的?情绪最为激动的是哪一乐句?

(1) 学习 A 乐段。

① 学生练唱第二乐句。教师强调乐句的完全重复,让学生体会上行旋律带来的高涨情绪,初步解决高音 re 的气息支撑问题。

② 学生学习第一乐句。教师强调乐句的变化重复,让学生感受旋律级进带来的抒情与舒展,推进练习高音 re 的气息支撑。

(2) 学习 B 乐段。

① 学习第三乐句。关注休止符的运用,教师通过歌唱方法上的指导,巩固学生在高音 re 上的情感表达;学生随教师的手势感受第三乐句后四小节的波浪式旋律进行,在歌声中充分表达激动的心情。

② 学习第四乐句。关注旋律的方向感,教师通过对声音“集中”的指导,让学生感受旋律“回归深情”的特点。

2. 播放伴奏音乐,教师指挥学生完整演唱一遍乐谱。

(二) 演唱歌词

1. 播放《音乐之声》中，家庭聚会演唱《雪绒花》的视频前半段，提醒学生关注歌词发音。

2. 教师分乐段矫正歌词的咬字。

教师进一步关注元音和辅音的正确演唱，提升歌唱的圆润性与整齐度。重点练习第三乐句"blossom of snow……"中连读部分的唱法，巩固休止符的准确性。

3. 学生跟着钢琴完整演唱一遍歌词，感受温馨场景。

三、多维练唱，品味和声

（一）学唱第一、二乐句中的和声（伴唱）部分

1. 播放《音乐之声》中，家庭聚会演唱《雪绒花》的视频后半段，提醒学生关注大女儿与父亲合作的部分，感受其乐融融的家庭温暖。

2. 教师唱伴唱部分，学生找出大女儿伴唱的小节。

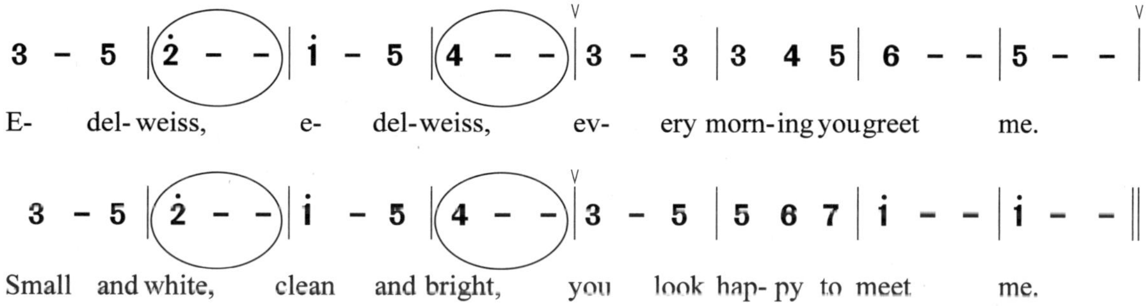

3. 练唱伴唱歌谱和歌词。

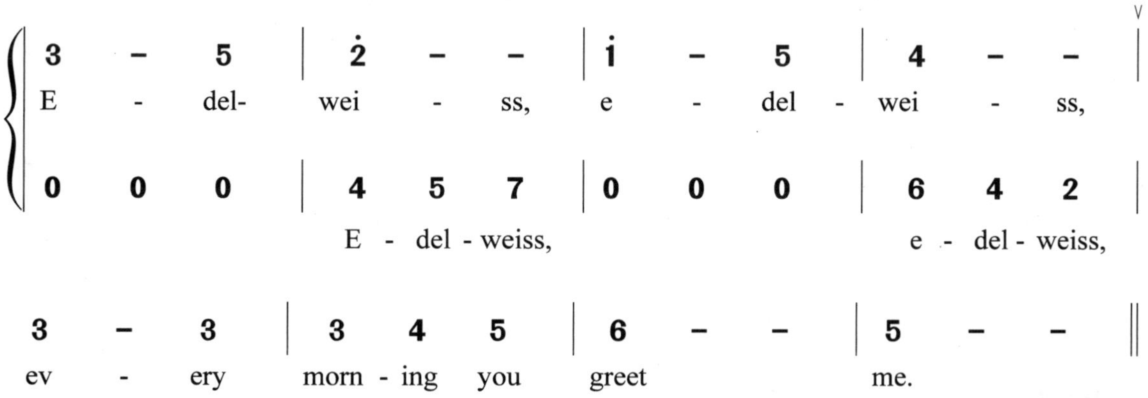

（1）教师唱旋律声部，学生伴唱和声声部。学生先学唱歌谱（结合手势辅助教学），再填入歌词。

（2）生生合作，教师用手势辅助教学。

（3）播放伴奏音乐（片段），学生在教师的指挥下，巩固二声部歌词演唱。

（二）学唱第三乐句的和声部分

1. 音高填空：教师边唱歌词边做手势，引导学生猜出第三乐句和声部分方框里的音符，重点解决$^{\#}$4这一难点。（如果不能根据歌词判断音高，就用歌谱来提示。）

2. 尝试合作清唱第三乐句二声部。

（三）巩固第四乐句的和声部分

1. 复习第四乐句和声部分歌谱和歌词。

2. 填入二声部歌词，尝试合作清唱。

（四）播放伴奏音乐（部分），进行第三、四乐句的二声部合作。教师视实际演唱情况通过钢琴辅助巩固音准。

四、完整歌唱，小结升华

1. 完整播放音乐伴奏，学生完整演唱二声部歌曲，体会家庭聚会演唱的温馨。

2. 教师小结。师：在音乐中，歌唱是表达情感最直接的方式。今天，我们在《雪绒花》的歌声中不仅感受到了上校全家以及奥地利人民心中浓浓的爱国情，还体会到了电影中一家人在一起其乐融融的温馨画面。爱上音乐，爱上生活，从爱上歌唱开始，老师希望并祝福同学们能通过歌唱，领略音乐所绽放出的美好。

（指导：徐惠琴；执教：张威）

注：本课例是杭州市安吉路实验学校音乐教师、徐惠琴名师智慧空间站学员张威老师在浙江省教育厅教师培训项目“音乐教师核心素养培育能力提升”教学观摩活动、杭州市下城区中小学音乐“音乐作品解读与教学设计”研讨活动中执教的初中演唱教学展示课；以本课例研究为主要素材撰写的论文《初中生多声部歌唱能力提升策略研究》发表于《音乐天地》2018 年第 4 期，并获得 2018 年浙江省中小学音乐教学论文评比二等奖、2018 年杭州市中小幼教学研究论文评比一等奖、2017 年杭州市中小学音乐教学论文评比一等奖。

指导教师评析

多声部演唱是中小学音乐教学“表现领域”的主要课程内容之一。《音乐课程标准》（2011 年版）在实施建议中指出：“要重视和加强合唱教学，使学生感受多声部音乐的丰富表现力，尽早积累与他人合作演唱的经验，培养群体意识及协调、合作能力。”初中阶段是孩子的变声期，学生会出现声音不稳定、高音爆发力缺乏、嗓音易疲劳等情况，这些都会影响学生对音准的把握。音色、音准等诸种因素的不确定性，在一定程度上给初中多声部演唱教学增加了难度。

那么，如何通过有效的策略提升初中生多声部演唱能力，使他们能够从歌声中获得美感，自信地表达呢？《雪绒花》一课作了一系列探索。第一，灵活运用演唱形式，提升多声部歌曲感知能力。本课采用齐唱、伴唱、合唱等多种演唱形式，让学生从不同形式的演唱中感受歌声的“整齐统一之美”“和谐灵动之美”“立体均衡之美”。第二，充分体验音乐要素，提升多声部歌曲鉴赏能力。本课在声效游戏、学唱旋律、接唱、伴唱等多种演唱活动中，引导学生对歌曲的节拍感、旋律进行、力度变化与和声等音乐要素一再感知，品味歌曲魅力，在演唱中鉴赏，在鉴赏中提高。第三，合作方式多样化，提升多声部歌曲表现能力。本课的声效游戏采用男女生分组合作的方式，伴唱采用老师与学生合作的方式，合唱采用双声部合作的方式。多种合作方式交替，使学生感受到良好的演唱氛围，乐于参与，自信演唱，表达出温馨的氛围、深刻的情感。

“体验式学习”重视教学目标的相辅相成，情意因素是目标中重要的价值取向。如何让学生“有情感地表达”他们心中的“雪绒花”呢？本课以“上校全家聚会，温馨歌唱”的场景为主线展开设计，将学唱旋律、伴唱、合唱等演唱活动衔接起来，从教学效果看很有“代入感”，学生喜欢唱，歌声自然美好。

（徐惠琴）

例十九 《瑶族舞曲》——感受与欣赏/创造

课　　型:欣赏课。

年　　级:九年级。

课　　时:1课时。

教学内容

“人音”版义务教育教科书·九年级上册第三课欣赏作品《瑶族舞曲》。

教材分析

《瑶族舞曲》是创作于20世纪的一首经典作品,是作曲家茅沅、刘铁山以民间歌曲《瑶族长鼓舞歌》为素材写成的管弦乐曲,乐曲为复三部曲式结构,具有西洋音乐特点的同时体现出鲜明的民族风格。

第一部分A为C羽调,$\frac{2}{4}$拍,由两个不同速度、不同情绪的主题组成。主题a共演奏三遍,分别由小提琴、木管乐器组、弦乐组演奏相同的主题旋律,情绪因织体变化、配器手法的不同而有所变化;主题b由主题a衍化而来,共演奏两遍,情绪欢快、热烈,渲染出欢腾、热闹的歌舞气氛。

第二部分B为C宫调,$\frac{3}{4}$拍。主题c旋律平稳质朴、温馨柔和,给人以宁静的诗一般的意境;主题d以丰富的配器与织体变化传达出人们自信、乐观的心境。

第三部分A’是第一部分A的减缩再现加尾声,配器与第一部分略有不同,情绪更为热烈,尾声部分速度加快,将欢腾的音乐推向高潮。

作品音乐形象鲜明,生动地描绘了瑶族青年男女在节日夜晚欢歌漫舞的情景,表达了瑶族人民对幸福生活的赞美之情。

学生情况分析

九年级学生身心渐趋成熟,参与的意识与交往的愿望增强,能够体验音乐情绪、情感的变化，并能将其描述或通过多种形式表现出来，对常见乐器的音色特点有所了解，能够感受音乐要素的变化并想象作品所表现的意境。但对于篇幅较大的管弦乐作品的欣赏，学生在“听辨音乐主题”“用恰当的形式对音乐做出反应”“分析作品结构”等方面还需要教师引导。因此在本课的教学中，教师设置了听、唱、跳、拍等多种方式让学生感受不同主题的旋律，鼓励他们参与到音乐活动中，调动其学习积极性和求知欲，激活音乐思维，同时将作品的人文内涵融入教学，让学生能更好地感受作品风格。

教学目标

1. 了解《瑶族舞曲》创作背景，在赏析过程中乐于参与听辨、编创、表现等活动，能与同伴分享对作品的感受。

2. 能够通过听、唱、跳、拍等不同方式来感受不同的主题旋律，结合音乐要素的变化体验、想象音乐所表现的意境；熟记主题旋律。

3. 能够听辨各主题音乐中使用的乐器音色，了解弦乐拨奏、乐器功能分组法等相关知识。

教学重点

感受并熟记主题旋律，体验、想象所表现的意境；听辨各主题音乐中使用的乐器音色。

教学难点

理解乐器分组法并用二声部合作演唱的形式来表现。

教学准备

多媒体课件、纸杯和橡皮筋道具（约 40 个）、塑料瓶（约 20 个）。

教学过程

一、了解创作背景

1. 节奏模仿游戏：教师分别演示下列节奏谱例，学生模仿。

谱例一：

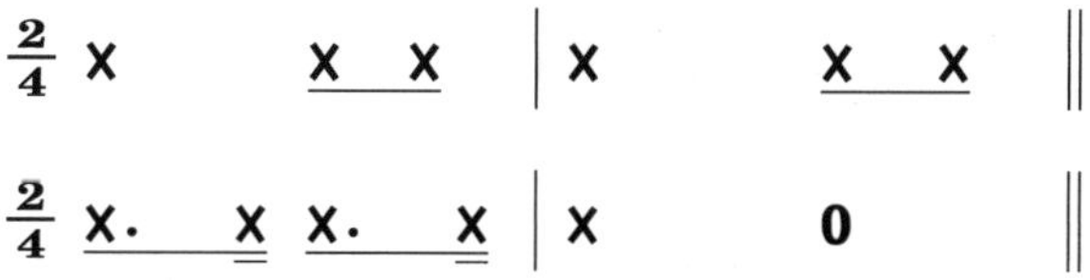

谱例二：

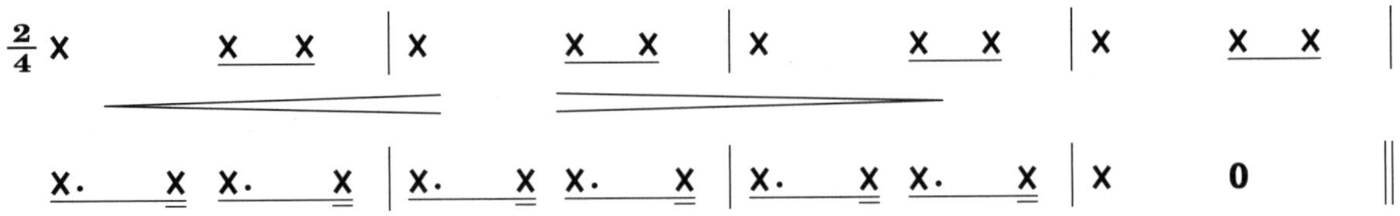

2. 学生随《瑶族舞曲》引子拍节奏。

3. 师生交流：刚才的咚咚声模仿的是哪种乐器。

4. 教师介绍作品创作背景与瑶族长鼓。

5. 学生观看弦乐拨奏视频，并随引子拨动纸杯上的橡皮筋来演奏节奏谱例二，体验拨奏的形式。

二、第一部分 A 赏析

（一）聆听主题 a

1. 教师范唱《瑶族长鼓舞歌》，学生跟琴模唱。

2. 教师出示图片：一位瑶族少女在月光下翩翩起舞。请学生根据画面联想并交流作曲家会用怎样的力度、怎样的速度、怎样的情绪来表现。

3. 学生聆听主题 a 第一遍演奏，教师出示答案。

4. 学生欣赏主题 a 第二遍演奏，感受旋律、力度、音色的变化，想象意境的变化。

5. 学生再次聆听主题 a 第二遍演奏，感受乐器分组的方式：木管乐器齐奏主旋律，弦乐组用拨奏的方式模仿鼓声，两组乐器交相辉映。

6. 学生用“bong”模唱拨奏旋律“4/4 6 33 6 33 | 6 33 6 33 ‖”。

7. 学生分声部合唱，女生演唱主题旋律 a，男生模唱拨奏旋律。

8. 完整欣赏主题 a，分析主题 a 在《瑶族舞曲》的第一部分共出现几次。

9. 师生交流：每次出现的画面感是否相同。

（二）聆听主题 b

1. 聆听主题 b，感受主题 b 和主题 a 在力度、情绪、节奏上的不同。

生：力度更强，情绪更欢快，更有狂欢的感觉，更热闹，更喜庆。

师：除了力度的变化，乐器编制的增多，还有什么让音乐发生如此大的变化呢？

2. 教师出示谱例三，学生观察并交流：大量十六分音符的出现，让节奏显得更加密集。

3. 教师引导学生观察并演唱主题 a、主题 b，了解主题 b 的旋律是由 a 衍化而来的。

谱例三：

主题 a

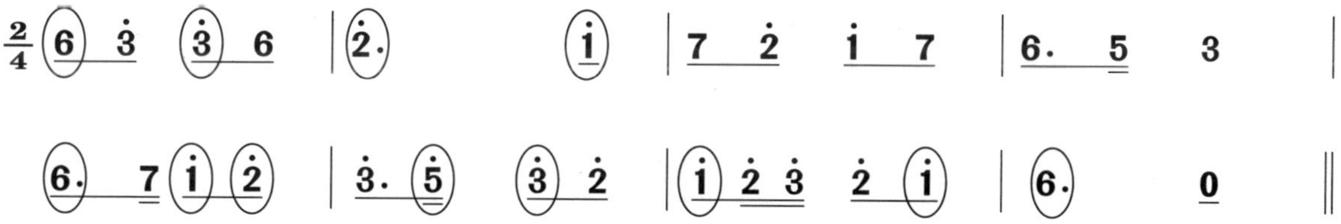

主题 b

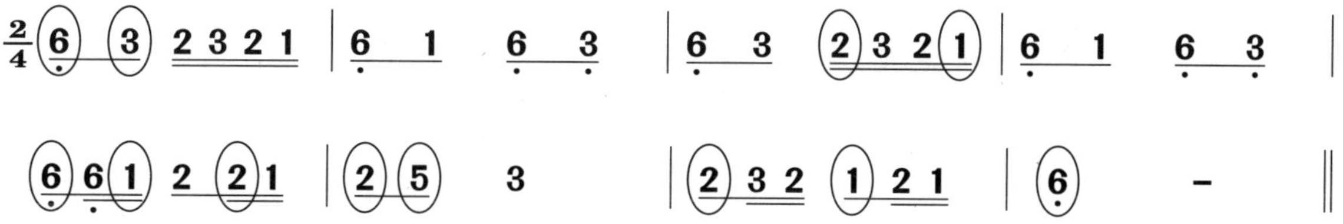

4. 生生合作表演：男生用塑料瓶和着音乐敲击节奏“X XX | X 嘿 |”，女生合着音乐舞蹈（向左三步一踢，向右三步一踢，向前走四步，向后走四步）。

（三）听辨主题 a、主题 b

1. 按要求完整聆听《瑶族舞曲》。

（1）学生听到主题 a 时哼唱，听到主题 b 时拍手。

（2）师：除了 a、b 两个主题以外，你还听到了几个不同的主题？

三、第二部分 B 赏析

（一）聆听主题 c

1. 教师介绍传统民歌《格洛堂歌》，男女生用对唱的形式感受这段柔而不媚的旋律。

2. 教师出示谱例四，请男生演唱双数小节的旋律，女生演唱单数小节的旋律。

谱例四：

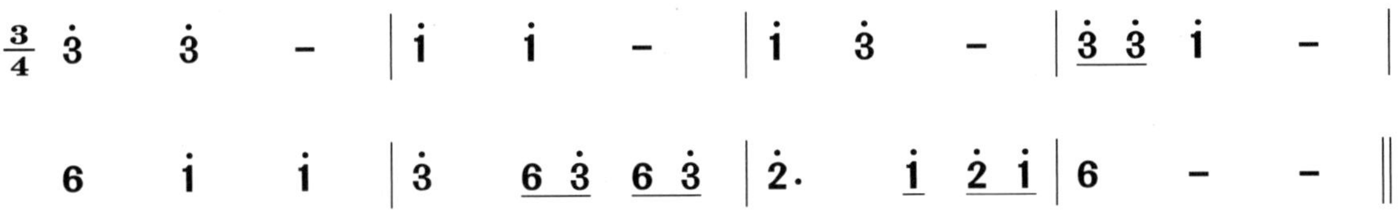

（二）聆听主题 d

1. 学生聆听主题 d，判断乐器音色。

2. 教师引导学生感受小号和长笛的音色分别表现了瑶族少年和瑶族少女怎样的性格。

3. 教师小结：小号嘹亮，表现了阿贵勇敢、勤劳的品质；长笛音色空灵、婉转、悠扬，表现了莎腰妹秀丽、清纯的特点。

4. 学生设计动作表演，分别表现阿贵的勇敢和莎腰妹的美丽。

四、完整聆听，小结感悟

1. 学生完整聆听《瑶族舞曲》，教师引导学生听辨并记录主题。

2. 学生根据记录了解作品结构。

3. 学生交流第三部分在速度、力度、情绪上的变化。

4. 教师小结。

（指导：徐惠琴；执教：汤煜炜）

注：本课例是杭州市景成实验学校音乐教师、徐惠琴名师智慧空间站乐者圈教师汤煜炜老师在浙江省教育厅教师培训项目"音乐教育新体系在初中音乐课堂教学中运用的理论与实践"教学观摩活动、杭州市新锐教师培训工程中学音乐课堂教学观摩等活动中执教的初中欣赏教学展示课；被选用为杭州师范大学教师培训课程示范课例；本课的教学设计发表于《中小学音乐教育》杂志 2020 年第 2 期。

指导教师评析

音乐是声音的艺术，诉诸听觉感知。一个人的音乐素质取决于他的听觉感知是否敏锐、准确、具有审美品质，培养、锻炼、提高学生听觉感受能力是音乐教育教学的主要任务。在欣赏教学中，培养学生的听觉思维对促进学生听觉感受能力具有重要的意义，学生对音乐语言的听觉思维能力越强，其音乐感受和理解就会越深刻。

音乐思维离不开音乐语言，学生感知旋律、节奏、力度、速度、音色、调式等音乐语言，即音乐要素的经验积累是听觉思维活动的基础。欣赏教学应从音乐要素入手，找准"点"，培养学生的听觉思维。《瑶族舞曲》以音乐要素的变化发展出四个形象鲜明的主题，表现"少女翩翩起舞、热烈狂欢的舞会、互诉衷肠、热情对舞"四个不同的场景和情绪变化。各主题之间既相互关联，又变化发展。本课教学着眼于"力度、音色、节奏、曲式"这些丰富的音乐要素引导学生聆听，让学生在流动的音响聆听过程中，集中注意力，捕捉相关信息，对感受到的音乐要素进行分析、思考、认知，从中理解形象，体验情感，提升音乐审美能力。

比如，在聆听 A(a)主题时抓住乐器音色的探寻这一重点，先引导学生关注第一遍小提琴演奏和第二遍木管乐器演奏在旋律、力度、音色上的变化，想象不同的意境；紧接着让学生再次聆听第二遍演奏，感受乐器分组的方式：木管乐器齐奏主旋律，弦乐组用拨奏的方式模仿鼓声，两组乐器交相辉映，让学生根据乐器的音色特征和差异，听辨、分析，积累音色特征的感知经验。再比如，A(b)主题的聆听围绕 A(a)、A(b)节奏变化的对比来展开，学生由对曲谱的观察和演唱得出"大量十六分音符的出现，使节奏显得更加密集"的结论，并且能够感知 b 的旋律是由 a 衍化而来的，对"节奏疏密"的感受和理解清晰而深刻。

音乐欣赏的"听"，不是单一的"听"，要采用多种聆听方式。《瑶族舞曲》一课设计了丰富多样的活动，让学生“有唱有听”“边奏边听”“边跳边听”“边画边听”，激活感官，启动联觉，有效调动学生的音乐思维，对音乐的感觉、体验、理解、判断不断加深，从而促进学生听觉感能的敏感性、准确性和审美性的提升。

（徐惠琴）

例二十　《场景音乐》
——感受与欣赏/音乐与相关文化

课　　型：欣赏课。

年　　级：九年级。

课　　时：1 课时。

教学内容

教材内容：“人音”版义务教育教科书·九年级下册第二课欣赏作品《场景音乐》。

课外资源：视频《天鹅湖》舞剧片段；《场景音乐》（音乐会版）。

教材分析

《场景音乐》是芭蕾舞剧《天鹅湖》第二幕开头的场面音乐，是贯穿整部舞剧的主题音乐——天鹅主题，也是整部舞剧中最重要的音乐形象主题。在竖琴琶音和弦乐器高音部颤音的背景下，双簧管奏出主题，旋律忧伤抒情，动人心弦。这一主题的继续发展更具表现力，渐渐上行的旋律，使乐曲的情绪逐渐激动，之后低音乐器又一次轻轻奏起天鹅主题，仿佛为公主的命运哀伤感叹。

天鹅主题作为主导动机，贯穿在整个芭蕾舞剧的音乐之中，在舞剧中多次出现，如第一幕的终场、第二幕的开头场面、第二幕的终场和第四幕的终场等。《场景音乐》在舞剧《天鹅湖》最后一次出现时，节奏、速度、调性发生变化，曲调辉煌而庄严，既是对美好爱情的祝福，更是胜利的颂歌。

学生情况分析

九年级的学生已经可以结合音乐要素来简述音乐的对比与变化，并能够体验情感的发展变化，能够简要描述或通过多种形式表现出来。在本课教学中，教师将音乐的聆听与表达充分交给学生，力求丰富学生的情感体验，加深对作品的理解。

教学目标

1. 通过对《天鹅湖》作品中诸多经典片段的鉴赏，知道舞剧和舞剧音乐的相关知识，认识舞剧音乐在舞剧中的地位及作用。

2. 在旋律演唱、律动体验、音乐要素辨析等活动中，熟悉、理解、记忆音乐主题，感受《场景音乐》所表现的音乐形象与情绪。

3. 体会舞剧中的"舞""剧"与"乐"的联系，感知音乐是舞剧艺术的灵魂。

4. 乐于交流、分享自身的感受，加深对作曲家柴科夫斯基的认识。

教学重点

了解舞剧和舞剧音乐。

教学难点

熟悉、理解、记忆"天鹅主题"旋律，体验其表现的音乐形象与情绪。

教学准备

多媒体课件（苹果系统 keynote 制作）、黑板、钢琴、彩色粉笔。

教学过程

一、听辨导入，融入意境

1. 听辨和弦并演唱，体会暗淡的色彩。

（1）教师分别弹奏"6 1 3""1 3 5"（先弹奏分解和弦，再弹奏柱式和弦），学生听辨哪个和弦更暗淡一些。

（2）学生随琴声演唱"6 1 3"。

2. 逐步增加音符并演唱，引出《场景音乐》的主导动机。

（1）听唱"67 12 3 - ‖"。

（2）听唱"67 12 | 3. 1 3. 1 | 3 - ‖"。

（3）听唱"3 - 67 12 | 3. 1 3. 1 | 3 - ‖"。

（4）听唱"天鹅主题"旋律。

二、多维体验，赏析音乐

（一）聆听交流，初步感受

1. 学生聆听《场景音乐》，听到“天鹅主题”时举手示意，并关注力度的变化。

2. 听辨主奏乐器（双簧管）。

师：“天鹅主题”出现几遍？如果是描绘一个公主的形象，哪一遍更恰当？是用什么主奏乐器来表现的？

3. 听辨伴奏乐器（竖琴）。

（1）学生聆听并交流。

（2）教师分享：竖琴奏出徐缓舒展的琶音，使人们仿佛看到静静浮游的天鹅在湖面上激起了层层涟漪，竖琴的伴奏使天鹅主题更加柔美、清纯。

（二）演唱体验，感知形象

1. 感知天鹅公主之“忧伤”。

（1）教师出示旋律，学生跟琴演唱乐谱，体会“忧伤”的心情。

1=D $\frac{4}{4}$

中速　安静地

（天鹅主题）

$\dot{3}$ - 6 7 $\dot{1}$ $\dot{2}$ | $\dot{3}$. $\dot{1}$ $\dot{3}$. $\dot{1}$ |

$\dot{3}$. 6 $\dot{1}$ 6 4 $\dot{1}$ | 1. 6 - 6 $\dot{2}$ $\dot{1}$ 7 :‖ 2. 6 - - （后略）

（2）学生再次演唱“天鹅主题”旋律，细致感受尾音6所表达的忧伤情绪。

（3）学生完整地演唱一遍天鹅主题，主题重复后教师高八度弹奏旋律，烘托演唱情绪。

2. 感知天鹅公主之“高贵”。

师：那么，天鹅公主高贵的气质，又跟哪个音有关呢？

生：高音 mi。

学生再次演唱旋律，从声音与身姿中体会天鹅公主高雅、高贵的形象。

（三）多元联觉，体验情感

1. 教师弹奏“天鹅主题”的发展旋律，学生说说感受。

2. 学生视唱曲谱。

3. 学生演唱曲谱，教师随着学生的演唱画图形谱。

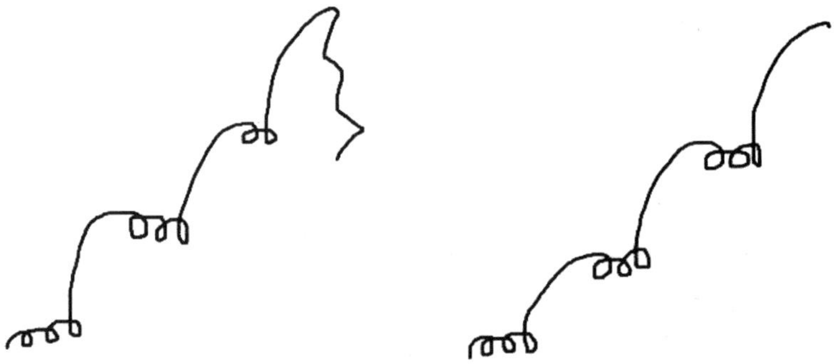

4. 学生用“lu”模唱旋律，并结合手势和身体的动作感受旋律的螺旋式上升，体会情感的波动。

5. 教师播放音频，学生用动作表现，进一步体验情感。

6. 聆听“天鹅主题”的继续发展，辨识音色。

师：接下去你会听到有一股“势力”逐渐打破音响的平衡，请关注是什么主要乐器在演绎着这股“势力”。

学生听辨铜管乐器组，并举手示意。

（四）欣赏视频，完整感知

学生欣赏音乐会版《场景音乐》视频，教师引导学生关注乐器、力度、速度等音乐要素，体会其在表现音乐形象与情绪中的作用。

三、认知舞剧，解读乐魂

（一）初步明确舞剧音乐的作用

师：柴科夫斯基的《场景音乐》，一方面推动着故事情节的发展，另一方面表现着主要人物的性格和内心变化，所以说，音乐是舞剧的灵魂。

（二）欣赏舞剧片段，了解舞剧知识

1. 师：什么是舞剧呢？我们通过《天鹅湖》的片段来找找线索。（播放《天鹅湖》舞剧片段。）

2. 学生交流、探讨对舞剧的认识。

3. 教师出示舞剧的概念。

（三）“舞”“剧”“乐”综合赏析，深入体会舞剧音乐的作用

1. 教师出示四张图，引导学生说一说《天鹅湖》剧情。

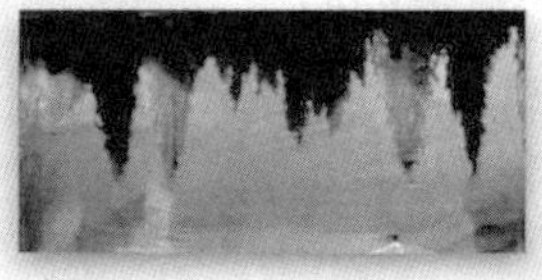

天鹅湖畔

相遇相爱

经历波折

最后……

2. 教师播放两个舞剧片段，让学生感受“舞”和“剧”的结合。

（1）学生欣赏舞剧的表演，思考这两段表演分别表现了《天鹅湖》的什么剧情。

片段一：公主与王子“相遇相爱”。

片段二：公主与王子“经历波折”。

（2）学生在交流中感悟“音乐是舞剧之魂”。交流提示：当恶魔进入镜头时，音乐的力度是怎样的？用了什么乐器？它仅仅表现了邪恶势力吗？

3. 学生欣赏《场景音乐》在《天鹅湖》的最后一次出现，通过音乐要素的分析，深入解读“音乐是舞剧的灵魂”。

（1）聆听音频，猜想结局。

① 分析力度与音色。

② 分析和声色彩：教师分别用大小调主和弦弹奏“天鹅主题”乐思，作进一步对比。

师：这是场景音乐在整部舞剧最后的出现，明朗的大调，奏响胜利的颂歌！

（2）观赏视频，体会“剧”“舞”“乐”的完美结合。

（3）模唱旋律，感受与表达明朗的意境和胜利的喜悦：全体起立，教师播放音乐，指挥学生用“la”模唱“天鹅主题”。

四、拓展欣赏，升华精神

1. 知识拓展——舞剧《天鹅湖》中古典与民族的融合。

师：除了《场景音乐》，在舞剧《天鹅湖》中，还有许多精彩的镜头。我们一起分享两个片段，这里的音乐同样流芳百世。

（1）欣赏舞剧视频片段《四小天鹅舞》：关注舞步，了解芭蕾。

（2）欣赏舞剧视频片段《西班牙舞曲/匈牙利舞曲/那不勒斯舞曲》：关注舞蹈与服饰，感受民族韵味。

（3）教师小结：《天鹅湖》中古典与民族的碰撞，再一次塑造了其在世界舞剧史上的不朽地位。

2. 评价拓展——舞剧《天鹅湖》的立意及音乐价值。

（1）学生分享，教师补充。

（2）分享著名乐评人对《天鹅湖》音乐性的评价。

3. 课堂小结：柴科夫斯基讲过“音乐是上天给人类最好的礼物。”它不仅给我们感官上的享受，更带来了精神上的鼓舞。黑暗势力最终被正义击败，而柴科夫斯基把这美好的思想融入了他的音乐中。

（指导：徐惠琴；执教：张威）

注：本课例是杭州市安吉路实验学校音乐教师、徐惠琴名师智慧空间站学员张威老师在杭州市初中音乐新课程录像课评比活动中执教的初中欣赏课，获得一等奖；在教育部国培计划“实践教学能力提升”课例展示、浙派名师中学音乐名师班教学观摩、浙江省教育厅教师培训项目“创新与引领——初中音乐教师课堂教学与教研能力提升”教学观摩、杭州市新锐教师培训工程中学音乐课堂教学观摩等活动中多次作教学展示；本课的教学设计发表于《中小学音乐教育》杂志2019年第2期；以本课例研究为素材撰写的论文《核心素养背景下初中音乐欣赏教学的“三感”构建与实施》获得2019年杭州市中小学音乐教学论文评比二等奖。

指导手记

《场景音乐》是贯穿芭蕾舞剧《天鹅湖》的主题音乐——天鹅主题，它通过旋律、演奏乐器、力度、速度、调性的变化来表现剧情、人物形象以及情感的发展变化。在初期的几次教学中，教师只注重对作品音乐要素的分析，关注学生对音乐形象的理解与把握。但是，《场景音乐》不只是音乐，它是文化的整合，是美好的思想，是精神的表达。因此，对《场景音乐》的感受与欣赏不能只停留在音乐及表现要素的感知，要让学生理解“音乐是舞剧之魂”，就要从乐、舞、剧及作品价值几方面作综合、细致的赏析。在经过多次观课议课之后，我指导教师构思出教学的三个版块：第一板块“乐”的赏析，第二板块“剧、舞、乐”的综合赏析，第三板块“作品价值”探讨。

从音乐课堂“体验式学习”模式来看，三个板块的设计是“初体验→细体验→深体验”逐层推进的学习过程。初体验——“乐”的赏析：以“乐之初识”感知形象与场景，以“乐之发展”感知情感波动，以“乐之完形”初步感知音乐要素对表现音乐形象与引发情感变化的影响。由此，学生对“乐”有了基本认知。细体验——“剧、舞、乐”的综合赏析：“相遇相爱”“经历波折”两个舞剧片段的赏析活动，关注音乐的力度、音色、音区的变化与人物情感、剧情发展的联系；《场景音乐》第四幕终场的赏析，对力度、音色（小号）、调性变化（和弦色彩）予以剖析。这一阶段通过细致体验音乐要素，领略音乐对推动剧情、表现人物情感的作用，从而深入解读并领悟“音乐是舞剧之魂”。深体验——“作品价值”探讨：学生通过对芭蕾舞蹈、作品古典与民族性的融合、作品音乐性的评价几方面的讨论、分享，对音乐的形式、精神价值等进行审美判断。有了文化、思想、精神的滋养，音乐才是鲜活的、生动的。这样的设计更具宽度与深度，学生领略音乐之美的视野是更为开阔的。

对《场景音乐》一课的指导长达一年有余，教学设计修改了十二稿，观课议课近二十次。虽然过程很艰辛，但是看到年轻教师努力的样子，在课堂上越来越自信，收获到成功的喜悦，我也很快乐。通过一节课的细细打磨，教师在作品解读、文本撰写、教学能力等各方面都得到提升，更重要的是能够悟到教学的“深意”。

（徐惠琴）

结语：让每个孩子在音乐中生长

每个人自身的那个“我”的核心，就是我们身上最为神圣的东西，是蕴藏在我们精神状态深处的一种感受。[①]

古希腊著名哲学家苏格拉底说：“未经省察的人生没有价值。”我想，引用到我们的教学中，可以说，“未经省察的教学是没有意义的”。

因此，对于教学，我们要“博学之，审问之，慎思之，明辨之，笃行之”（《礼记·中庸》），时时省察，探寻教学的真谛。音乐课堂“体验式学习”的教学研究，我们一直在思考、在实践，不仅思考“为什么做”“怎么做”等问题，更是从音乐教育价值的角度深思“是什么”“拥有什么”的问题。

① 转引自[美]威廉·詹姆斯. 著. 心理学[M]. 莫斯科，1991：86.

一、 是什么——音乐性的教育

中小学教育最重要的特性是“基础性”，是素养培育的基础。所以，音乐课程和教学不仅仅是知识技能的学习，更要把每个学生潜能的开发、健康个性的发展、终身学习的愿望和能力的初步形成作为重要的任务。

“理想的音乐教育的境界是提供一种音乐性的教育而不是音乐培训”“应当以广泛、深刻、音乐性的理解为首要目标。”②音乐教育是通过培养对音响的内在表现力的反应来进行人的感觉教育，通过丰富人的感觉体验和情感体验提高其生活质量。这是音乐教育的价值，它同所有人文艺术学科教育最深刻的价值是一样的。

在“体验式学习”的音乐课堂中，教师更关注学生在音乐的浸润中有怎样独特的体验。他们被什么所感动？他们分享了什么？期待着什么？音乐是心灵的交流，那些美的、真的情感体验应该伴随着学习过程自然而然地滋生，孩子们能够主动地“从自己内心出发”产生与音乐的共鸣。如果这些美好的感觉能够扎根于孩子的心灵，那么，在生活中他们的幸福感应该会更加富足一些。

我的一个二年级学生米朵，在欣赏了柴科夫斯基的《糖果仙人舞曲》之后，和我说她喜欢看《猫武士》这本书，想编一首关于猫武士的钢琴曲。我很赞赏，和她一起选定了主题并给她一些建议。经过一段时间的创编、练习、修改，米朵有了第一首自己创作的钢琴曲《猫武士》。虽然作品很稚嫩，甚至有许多不够合理还需要完善的地方，但这是她内心真实的自我表达，有她独特的理解。在她为同学们演奏的那一刻，孩子们的眼睛里有“小星星”呢。“心中的喜悦，是儿童生长最重要的因素，唱歌、跳舞、奏乐，是启发孩子智慧的一种源泉。”③《猫武士》启示我们“要让学生在音乐学习中拥有梦想与憧憬的激情”。

二、 拥有什么——品质、热情、幸福

“音乐可以熏陶我们的情操，闭上眼，听一首好听的曲子，我们都觉得要融入其中。我

② ［美］贝内特·雷默. 著. 音乐教育的哲学［M］. 熊蕾译. 北京：人民音乐出版社，2003：6，7.

③ 转引自中国台湾《奥福》教育年刊第1期，第2页.

最喜欢听的就是《渴望春天》，听着这首曲子，我觉得很轻松，仿佛我也在小河旁看紫罗兰开放……”这是我的一位六年级学生可欣，留给我的“感言”。孩子们离开我们，离开校园，走上更漫长的人生之路。

那么，在6岁到16岁的阶段，经过音乐学习，他们能够拥有些什么呢？

1. 审美品质

“体验式学习”的音乐课堂提倡以“好的音乐”给学生丰富的音乐经验和最好的情感体验与心灵享受，在长期的、潜移默化的浸染中培养学生有品位的“审美品质”。在学习了蒙古族民歌《草原上》一课之后，小瑞跑到我跟前说：“徐老师，这首歌真是太美了，我听一百遍都听不厌。”这位可爱小男生的这番感叹，道出了“好的音乐”魅力所在，也可见我们的民族音乐是富有魅力的，让学生欣赏、熟悉、接受，进而喜欢我们的民族音乐是每个有责任感的音乐教师的重任。五年级女生思文给我留言：“徐老师，告诉您，我强烈地爱上了音乐。我喜欢听您上课，喜欢您教我们唱歌，特别是《让我们荡起双桨》这首歌。这首歌曲多好听呀！音乐课带给我快乐…… ”6岁到16岁的阶段，是孩子对音乐最敏感的时期，柯达伊曾说：“在这个阶段，至少要有一次被所谓生命的音乐溪流充满过……”我想，《渴望春天》《草原上》《让我们荡起双桨》一定是在那一刻流过孩子们心灵的音乐溪流，这也将成为他们生活中甚至是生命中时时被唤起的“美好”。

2. 学习热情

“能够真正掌握的和全面掌握的，只有你亲自学会的那些东西。”[④]音乐课堂“体验式学习”的意义在于，通过学生亲身的感受和思考来进行音乐学习，每一个学生都“思考”并表现着“自己”。教师既注重学生能够获得感性的愉悦——“声音清浊，调竽奇声，以耳异”（荀子《天论》），“乐必发于声音，形于动静”（《乐记·乐化》）；更注重让学生获得丰富的情感体验和精神上的启迪——“喜、怒、哀、乐、爱、恶、欲，以心异”（荀子《天论》，“乐者，德之华也”（《乐记·乐象》）。尤其是情感体验之“爱”与“欲”：由学生对音乐的“喜爱之情”，激发其对音乐的“探究之欲”，鼓励学生对音乐以尽可能多的方式进行开放自由的探索，将终身学习的火种——“爱”与“欲”深耕在孩子们心中，对音乐和音乐学习怀有不灭的憧憬和欲望，在人生旅程中不时被唤醒和点燃。

---

④ ［俄］根纳季·齐平. 著. 音乐活动心理学：理论与实践.［M］. 焦东建，董茉莉译. 北京：中央音乐学院出版社，2008：259.

3. 幸福人生

音乐课堂“体验式学习”以“儿童立场”为视点，让学生经历“真实性学习”，指向学生“真实性学力”的培育，即知识、能力、品格，尤为重要的是涵养“美善”的品格与健康的身心。黑格尔指出：“如果我们一般可以把美的领域中的活动看作一种灵魂的解放……把这种自由推向最高峰的就是音乐了。”[⑤]我们期望在“体验式学习”的音乐课堂中让学生寻找到“最内在的自我”，而“美善”是“最内在的自我”的核心。“如果一个人，在心灵里有内在的精神状态美，在有形的体态举止上也会出现一种与之相应的协调美，那就成为一个兼有内秀外美者，这不仅是最美的境界，而且是最可爱的境界。”[⑥]哲人柏拉图还指出：“音乐教育的最终目的是爱美爱善。”当孩子们拥有了美善的品格和爱美爱善的能力，他们的生活和精神世界会变得丰富多彩。因为，生命的丰饶与深厚，奠定在审美的基础之上。

为此，我们在音乐教学中孜孜以求，在音乐教育这块“麦田”深情守望。“节奏与乐调有强烈的力量深入人心的最深处，如果教育方式合适，它们就会拿美来浸润心灵……”[⑦]希望通过我们的努力，让每一个孩子都能在音乐中幸福生长。

⑤ 转引自[德]黑格尔. 著. 美学(第三卷)[M]. 朱光潜译. 北京：商务印书馆，1979：337.
⑥ 转引自柏拉图. 著. 理想国(The Republic)[M]. 郭斌，张竹明译. 北京：商务印书馆，1986：78.
⑦ [古希腊]柏拉图. 著. 柏拉图文艺对话集[M]. 朱光潜译. 北京：人民文学出版社，2013：45.

图书在版编目（CIP）数据

音乐课堂体验式学习理论与实践 / 徐惠琴著. －上海：上海音乐出版社，2023.6 重印

ISBN 978-7-5523-2019-0

Ⅰ. 音… Ⅱ. 徐… Ⅲ. 音乐课－课堂教学－教学研究－中小学

Ⅳ. G633.951.2

中国版本图书馆 CIP 数据核字（2020）第 151210 号

书　　名：音乐课堂体验式学习理论与实践

著　　者：徐惠琴

责任编辑：於骏洁

责任校对：满月明

封面设计：徐思娇

出版：上海世纪出版集团　上海市闵行区号景路 159 弄　201101

　　　上海音乐出版社　上海市闵行区号景路 159 弄 A 座 6F　201101

网址：www.ewen.co

　　　www.smph.cn

发行：上海音乐出版社

印订：上海华顿书刊印刷有限公司

开本：787×1092　1/16　印张：14　图、谱、文：224 面

2020 年 9 月第 1 版　2023 年 6 月第 4 次印刷

ISBN 978-7-5523-2019-0/J · 1852

定价：68.00 元

读者服务热线：（021）53201888　印装质量热线：（021）64310542

反盗版热线：（021）64734302　（021）53203663